# 중론 상

용수 저, 청목 석, 구마라집 한역
남수영 옮김

# 중론 상

용수 저, 청목 석, 구마라집 한역
남수영 옮김

여래

# 역자 서문

불타(佛陀, Gotama Buddha, 기원전 624~544년경)는 최초의 설법인 초전법륜初轉法輪에서 다섯 비구들에게 사성제와 삼법인을 설법하기 전에 애욕과 고행의 양 극단을 떠난 중도中道인 팔정도를 설했다. 이로부터 고락중도苦樂中道는 불타의 설법 가운데에서도 가장 먼저 설해진 가르침인 것을 알 수 있다.

불타는 그 후 『가전연경』에서는 유와 무의 양 극단을 떠난 유무중도有無中道를 설했고, 『까싸빠경』에서는 고통을 짓는 자와 고통을 경험하는 자의 동일성과 상이성이라는 양 극단을 떠난 일이중도一異中道, 단상중도斷常中道 등을 설했다. 이와 같은 형태의 중도설은 불교 이외의 다른 종교나 다른 철학에서는 발견되지 않으므로, 그것은 불교의 특징을 가장 잘 보여주는 불교만의 독특한 가르침이라고 생각된다.

불타 입멸후 100년경에 불교 승단은 상좌부와 대중부로 분열을 시작하여, 그로부터 기원 전후 무렵까지 약 20여 개의 부파로 분열되었는데, 그들은 대부분 여러 법法을 연으로 해서 발생한 복합적 사물은 공空이지만, 그것들의 궁극적 연인 여러 법들은 실재實在라고 하는 아공법유설我空法有說을 주장하였다. 그러나 그와 같은 아공법유설은 『가전연경』의 유무중도를 설명하는 것이 불가능하다. 왜냐하면 실재란 '진실한 존재'라는 의미이기 때문에, 실재인 여러 법을 비유비무非有非無라고 말할 수는 없기 때문이다. 이로부터 불타의 중도설은 부파불교에서 다소 축소되었음을 알 수 있다.

대승불교가 시작되면서 『반야경』은 부파불교의 아공법유설을 비판하고, 연기의 산물인 복합적 사물만이 아니라, 그것들의 궁극적 연緣인 여러 법도 모두 공空이라고 하는 아공법공설我空法空說을 주장하였고, 대승불교의 논사인 용수(龍樹, Nāgārjuna, 150-250년경)는 자신의 저술인 『중송』 제24장 「관성제품」 제18송에서 연기인 것은 공空, 가명假名, 중도中道라고 말함으로써, 『반야경』의 공사상을 불타의 연기설과 중도설을 가지고 설명하였다. 그 중심 내용은 다음과 같다.

용수에 의하면 연기인 사물에는 자성이 없다. 왜냐하면 자성自性은 연기가 아니라고 말해지기 때문이다. 그리고 자성의 비존재가 바로 『반야경』에서 발견되는 공의 의미인 동시에, 『가전연경』에서 발견되는 유무중도의 의미이다. 왜냐하면 공空이란 비존재를 의미하지만, 그것은 여러 법法의 비존재가 아니라 자성自性의 비존재를 의미하는 것이고, 무자성인 여러 법은 유有나 무無의 자성을 가질 수 없어서, 존재라고도 말할 수 없고 비존재라고도 말할 수 없기 때문이다.

이처럼 용수는 『반야경』에서 설하는 공을 중도의 의미로 해석하여, 일체법을 중도(=공)라고 관하고 일체법을 중도(=공)라고 주장하기 때문에, 그의 사상을 중관사상이라고 부른다. 『중송』은 용수의 대표적인 저술로서 중관사상을 바탕으로 하여 당시 유행하던 실재론을 모두 논파하고, 중도의 진실을 널리 알리기 위하여 저술되었다. 그러므로 『중송』은 실재론에 대한 비판 및 중도설의 재천명再闡明이 그 주된 내용임을 알 수 있다.

시간이 흐르자 용수를 따르는 제자들이 나타났는데, 그의 첫 번째 제자는 제바(提婆, Āryadeva, 170~270년경)이다. 학자들의 연구에 의하면 이 제바가 바로 『중론』의 저자인 청목(青目, Piṅgala)이라고 한다. 그럴 경우 이 『중론』은 『중송』에 대한 제바의 주석서가 된다. 제바의 생존 추정 연대와 『중론』을 한역漢譯한 구마라집(鳩摩羅什, Kumārajīva, 343~413년)의 생존 연대를 보면, 이 『중론』은 『중송』에 대한 여러 주석서 가운데 최초기의 주석서인 것을 알 수 있다.

『중송』은 실재론에 대한 비판이 주요 내용이지만, 용수는 『중송』에서 자신의 논파 대상을 특정해서 언급하지 않았으므로, 『중송』 각장의 논파 대상 및 그 논파의 구체적인 내용을 확인하는 일은 현대 불교학자들의 연구 과제가 되었다. 청목의 『중론』은 총 27장으로 구성되어 있지만, 필자는 아직 연구가 미진하여 그 가운데 10장까지만 번역하였다. 빠른 시일 내에 모두 번역하여 출판하게 되기를 바라며, 여러 가지로 힘든 여건임에도 불구하고, 이 부족한 책을 출판해 주신 여래출판사 정찬진 사장님께 감사드린다.

2021년 1월

남수영 합장

# 승예 서문[1)]

『중론』은 500개의[2)] 게송으로 이루어졌는데, 용수보살께서 지으신 것이다. '중'中을 명칭으로 삼아 진실을 조망하였고, '논'論을 호칭으로 삼아 말하고자 하는 바를 다하였다. 진실은 명칭이 없으면 깨닫기가 어렵기 때문에 '중中'이라는 말에 의지하여 그 [진실]을 펼쳤고, 말이란 풀이하지 않으면 [진실을 밝히기에] 부족하기 때문에 논論이라는 말을 빌려서 그 [진실을] 밝혔다.

---

1) 이 서문은 승예(僧叡, 378~444년경)가 지은 것으로서 원문에는 '釋僧叡序'라고 되어 있다. 승예는 구마라집의 제자로서 구마라집의 역경에 참여했으며, 도생道生, 승조僧肇, 도융道融과 함께 4성聖이라고도 부른다. 그는 구마라집이 번역한 『대지도론』, 『성실론』, 『법화경』, 『유마경』, 『소품반야경』 등의 서문을 썼다.

2) 『중송』은 그 판본에 따라 게송 수가 조금씩 다르다. 정확히 말하면 청목이 주석한 『중론』, 용수의 주석이라고 말해지는 『무외소』는 445송이고, 월칭의 주석인 『프라산나파다』는 449송이다.

中論有五百偈. 龍樹菩薩之所造也. 以中爲名者. 照其實也. 以論爲稱者. 盡其言也. 實非名不悟. 故寄中以宣之. 言非釋不盡. 故假論以明之.

그 진실이 널리 알려지고, 그 말하고자 하는 바가 밝아졌으니, [용수] 보살의 행에 따라 도량이 밝아지고 분명하게 생사를 넘어섰다. 대개 집착과 미혹은 도견倒見[3]에서 일어나는 것이니, 삼계三界는 이로 인하여 [윤회의] 바다에 빠지게 된다. 반 쪽짜리 깨달음도 염지厭智를 일으키지만, 이 [염지]는 굳게 지켜도 결국은 [진실에] 어긋나게 된다. 그러므로 대각大覺이란 밝게 비추는데 있음을 알아야 한다.

其實旣宣. 其言旣明. 於菩薩之行 道場之照. 朗然懸解矣. 夫滯惑生於倒見. 三界以之而淪溺. 偏悟起於厭智. 耿介以之而致乖. 故知大覺在乎曠照.

소지小智는 좁은 마음을 얽매어서 비춤이 밝지 못하니, [소지는] 유有와 무無를 [모두] 멸하여 도道와 속俗을 하나로 만드는데 부족하다. 지혜가 온전하지 못하면 양 극단을 여읜 중도에 도달하지 못하니, [세상에서] 도道와 속俗[의 구분]이 없어지지 않고, 양 극단이 사라지지 않은 것이 [용수] 보살의 근심거리였다.

小智纏乎隘心. 照之不曠. 則不足以夷有無一道俗. 知之不盡.

---

3) 도견倒見이란 뒤집어진 견해, 즉 진실과 다른 잘못된 견해를 말한다.

則未可以涉中途泯二際. 道俗之不夷. 二際之不泯. 菩薩之憂也.

그러므로 용수 대사大士께서 중도中道를 가지고 그 [진실]을 분석하여, 미혹을 향해 달려가는 무리들이 불타의 가르침을 보도록 하여, [그들을] 달라지게 하였으니, 요약해서 말하자면 교화하였다. [그리하여] 외도들로 하여금 깨달음에 대한 [잘못된] 물음을 멈추도록 하였다. 『중론』은] 넓고 확 트여서, 깨달음으로 가는 넓고 평탄한 길이니, 온 세상에 깨달음의 문이 [활짝] 열렸다.

是以龍樹大士. 析之以中道. 使惑趣之徒 望玄指而一變. 括之以卽化. 令玄悟之賓喪諮詢於朝徹. 蕩蕩焉. 眞可謂坦夷路於沖階. 敞玄門於宇內.

[용수 보살은] 마른 줄기에 지혜의 바람을 불어 넣어 주셨고, 마른 나무에 감로수를 흘려 보내셨다. 대체로 대들보가 백 개인 집이 지어지면, 거친 띠로 얽어맨 지붕이 누추하게 보이는 법이다. [그와 마찬가지로] 이 『[중]론』의 넓고 탁 트인 모습을 보면, 반 쪽짜리 깨달음의 천박함이 더욱 뚜렷해진다. 다행이로다. 우리 중국 땅에 홀연히 영취산의 [가르침이] 옮겨와 진鎭을 치니, 위태로운 비탈의 변두리 사람들이 찬란한 빛과 같은 넉넉한 은혜를 입게 되었다. 이후로 도道를 논하는 현인들은 이 『[중]론』에서 시작하여 진실하게 되었다.

扇慧風於陳枚. 流甘露於枯悴者矣. 夫百梁之構興. 則鄙茅茨

之仄陋. 睹斯論之宏曠. 則知偏悟之鄙倍. 幸哉此區之赤縣. 忽得移靈鷲以作鎭. 險陂之邊情. 乃蒙流光之餘惠. 而今而後. 談道之賢始可與論實矣.

[사람들이] 말하기를 천축의 여러 나라에서 [불교를] 공부하는 사람들은 이 『[중]론』을 요긴하게 생각하여 익히지 않은 사람이 없고, 붓을 물들여 [『중론』을] 주석한 사람 또한 적지 않다고 한다. 지금 내놓는 것은 천축의 범지로서, 빈가라(賓伽羅, Piṅgala)라 부르고, 진나라 말로는 청목靑目이라고 부르는 사람의[4] 주석이다.

云天竺諸國. 敢預學者之流. 無不翫味斯論以爲喉衿. 其染翰申釋者. 甚亦不少. 今所出者. 是天竺梵志名賓伽羅. 秦言靑目之所釋也.

그는 비록 법에 대한 믿음과 이해가 깊으나, 그 말이 규범에 잘 맞지 않으므로, 그 가운데 뜻이 맞지 않거나, 빠지거나, 번거롭거나, 중복된 것은 [구마라집] 법사께서 모두 잘라내거나 보태거나 하여, 경전과 통하고 이치에 맞도록 하였지만, [그래도] 간혹 문장의 앞뒤가 좋지 않은 곳이 있다.

其人雖信解深法. 而辭不雅中. 其中乖闕煩重者. 法師皆裁而

---

4) 테라모토 엔가(寺本婉雅)는 청목(Piṅgala)이 용수의 제자인 아리야데바Āryadeva일 것이라고 말한다. 그 근거로 서장불교에서 제바를 일명 청목조사라고 부르고 있음을 언급한다. 『中論無畏疏』, 龍樹造, 寺本婉雅〔譯編〕, 國書刊行會〔昭和52(1977), c昭和49(1974)〕, 13~17쪽 참조.

裨之. 於經通之理盡矣. 文或左右未盡善也.

『백론』은 외도를 다스려 삿된 견해가 일어나지 못하도록 하고, 이 [『중론』]은 [불교의] 내부를 들어올려 막힌 곳이 흐르도록 하였으며, 『대지도론』은 깊고 넓으며, 『십이문론』은 정교하다. [그러므로] 이 네 가지 책을[5] 연구하는 사람은 실로 마치 해와 달을 가슴에 품은 듯, 밝고 분명하게 비추어 통하지 않음이 없을 것이다.

百論治外以閑邪. 斯文祛內以流滯. 大智釋論之淵博. 十二門觀之精詣. 尋斯四者. 眞若日月入懷 無不朗然鑒徹矣.

내가 이 [책]의 의미를 연구해 보았으나 능히 [올바르게] 풀어낼 재주가 없다. [그러나] 다시 [자신의] 비루함과 졸렬함을 잊고, [나름의] 깨달음에 의지하여 잠시 서문을 지어 각 품과 제목의 앞에 두고자 한다. [내가] 어찌 능히 [이 논문을] 해석하겠는가? 그것은 스스로 기뻐하면서 품은 생각일 뿐이다.

予翫之味之不能釋手. 遂復忘其鄙拙. 託悟懷於一序. 并目品義題之於首. 豈期能釋耶. 蓋是欣自同之懷耳.

5) 『백론』, 『중론』, 『십이문론』, 『대지도론』의 네 가지 책을 말한다.

# 목 차

제1장

# 관인연품(觀因緣品)

# 제1장
# 관인연품(觀因緣品)

## 가. 귀경게

불생이고 불멸인, 불상이고 부단인

불일이고 불이인, 불래이고 불출인 1-1)

不生亦不滅 不常亦不斷

不一亦不異 不來亦不出 1-1)

이와 같은 인연을 설하시어, 여러 희론을 잘 소멸하시니,

여러 설법자들 중에서 최고이신 부처님께 나는 예배합니다. 1-2)

能說是因緣 善滅諸戲論

我稽首禮佛 諸說中第一 1-2)

## 나. 『중론』의 목적

[물음] 무슨 이유로 [용수는] 이 논서를 지은 것인가?

問曰. 何故造此論.

[답변] 만물이 대자재천大自在天에서 생한다고 말하거나, 위뉴천韋紐天에서 생한다고 말하거나, 화합和合에서 생한다고 말하거나, 시간時間에서 생한다고 말하거나, 세성世性에서 생한다고 말하거나, 변화로부터 생한다고 말하거나, 자연에서 생한다고 말하거나, 미진에서 생한다고 말하는 사람들이 있다.[1] [그들은] 그와 같은 오류 때문에, 무인無因, 사인邪因, 단상斷常 등의 잘못된 견해에 떨어져서, 여러 가지로 자아自我와 아소我所를 설하면서 올바른 진리를 알지 못한다.

答曰. 有人言萬物從 大自在天生. 有言從韋紐天生. 有言從和合生. 有言從時生. 有言從世性生. 有言從變生. 有言從自然生. 有言從微塵生. 有如是等謬故 墮於無因邪因 斷常等邪見. 種種說我我所. 不知正法.

---

1) 대자재천이란 쉬바신을 말하고, 위뉴천이란 비슈누신을 말한다. 화합이란 지수화풍 등의 화합을 말하고, 세성이란 상키야의 프라크리티를 말한다. 또한 자연에서 생한다는 것은 원인을 알 수 없으니 자연히 생한다고 하는 것을 말한다. 『中論』, 龍樹 著, 青目 釋, 鳩摩羅什 漢譯, 김성철 역, 경서원(1996), 27~28쪽 참조.

부처님은 그와 같은 여러 가지 잘못된 견해를 끊고 불법佛法을 알게 하려고 우선 성문법 가운데서 12인연을 설하셨다. 또한 이미 수행을 닦고 큰 마음을 지녀서, 깊은 가르침을 받아 지닐 수 있는 사람을 위해서는 대승법을 가지고 인연의 상을 설하셨다. [그것은] 이른바 일체법은 불생불멸 불일불이 등이고, 필경공畢竟空인 것으로서, 존재하는 것이 아니라고 하는 것인데, 그것은 반야바라밀[경]에서 다음과 같이 설한 것과 같다. "부처님이 수보리에게 말씀하셨다. '보살이 도량에 앉으면, 12인연을 허공과 같이 다함이 없는 것이라고 관해야 한다.'"

佛欲斷如是等諸邪見 令知佛法故. 先於聲聞法中 說十二因緣. 又爲已習行有大心 堪受深法者. 以大乘法 說因緣相. 所謂一切法 不生不滅 不一不異等. 畢竟空無所有. 如般若波羅蜜中說. 佛告須菩提. 菩薩坐道場時. 觀十二因緣. 如虛空不可盡.

[그런데] 부처님이 멸도하신 후 500년이 되어 상법像法 시대가 되자, 사람들의 근기가 둔해져서 여러 법에 대하여 깊이 집착하게 되었다. [그리하여 그들은] 12인연, 5온, 12처, 18계 등의 결정적인 상相을 추구하면서, 부처님의 의도하신 바를 알지 못하고 문자에만 집착하니, 대승의 가르침에서 필경공을 설하는 것을 듣고도, 무슨 인연으로 공인지를 알지 못하여, "만약 일체가 필경공이라면 어떻게 죄와 복과 응보가 있다고 분별하겠는가? 그렇다면 세속제와 제일의제가 없는 것이 될 것이다."라고 의심하게 되었다. [또

한 그들은] 공상空相에 집착하면서 그로부터 탐착을 일으키니, 필경공인 것 속에서 종종의 과오를 일으키게 되었다. 용수보살은 그런 [사람들을] 위하여 이 『중론』을 지은 것이다. [그리하여 용수보살은]

佛滅度後. 後五百歲像法中. 人根轉鈍. 深著諸法. 求十二因緣 五陰十二入 十八界等決定相. 不知佛意 但著文字. 聞大乘法中 說畢竟空. 不知何因緣故空. 卽生疑見. 若都畢竟空. 云何分別 有罪福報應等. 如是則無世諦第一義諦. 取是空相 而起貪著. 於畢竟空中 生種種過. 龍樹菩薩 爲是等故. 造此中論

불생이고 불멸인, 불상이고 부단인
불일이고 불이인, 불래이고 불출인
不生亦不滅 不常亦不斷
不一亦不異 不來亦不出

이와 같은 인연을 설하시어, 여러 희론을 잘 소멸하시니,
여러 설법자들 중에서 최고이신 부처님께 나는 예배합니다.
能說是因緣 善滅諸戱論
我稽首禮佛 諸說中第一

[라고 하는] 두 게송을 가지고 부처님을 찬탄하고 제일의第一義를 간략하게 설했던 것이다.

以此二偈讚佛. 則已略說第一義.

## 다. 팔불의 설명

[물음] 여러 법은 무량한데 어째서 다만 이 여덟 가지만 논파하는 것인가?

問曰. 諸法無量. 何故但以此八事破.

[답변] 비록 [여러] 법은 무량하지만, 간략하게 이 여덟 가지만 설하면 일체법을 모두 논파하게 된다. [그 가운데] 불생이란 [다음과 같다]. 여러 논사들은 여러 가지로 생상生相을 설한다. 즉 인과가 동일하다고 말하거나, 인과가 서로 다르다고 말하거나, 원인 가운데 미리 결과가 있다고 말하거나, 원인 가운데 미리 결과가 없다고 말한다.

答曰. 法雖無量. 略說八事則 爲總破一切法. 不生者. 諸論師種種說生相. 或謂因果一. 或謂因果異. 或謂因中先有果. 或謂因中先無果.

혹은 자신으로부터 생한다고 말하거나, 타자로부터 생한다고 말하거나, [자신과 타자의 둘]로부터 생한다고 말하거나, 유有로부터 생한다고 말하거나, 무無로부터 생한다고 말한다. [그들은] 이와 같이 [종종으로] 생상을 설하지만 그것들은 모두 불합리하다. 이에 대해서는 뒤에 자세히 설명하겠다. 그러나 [그와같은] 결정적인 생상은 불가득이기 때문에 불생이다.

或謂自體生. 或謂從他生. 或謂共生. 或謂有生. 或謂無生. 如是等說生相皆不然. 此事後當廣說. 生相決定不可得故不生.

불멸이란 [다음과 같다]. 만약 생이 없다면, 어떻게 멸이 있겠는가? [이처럼] 무생무멸無生無滅[2)]이기 때문에 나머지 여섯도 없다[고 말하는 것이다].

不滅者. 若無生何得有滅. 以無生無滅故. 餘六事亦無.

[물음] 불생불멸을 가지고 이미 일체법을 모두 논파하였는데, 무슨 이유로 다시 [불상부단 등의] 여섯 가지를 설하는 것인가?

問曰. 不生不滅已總破一切法. 何故復說六事.

[답변] 불생불멸의 이치를 세우기 위해서이다. 불생불멸은 믿지 않으면서도 불상부단을 믿는 사람들이 있다. [그러나] 불상부단을 깊이 고찰해 보면, 그것은 불생불멸이 된다. 왜인가?

答曰. 爲成不生不滅義故. 有人不受不生不滅. 而信不常不斷. 若深求不常不斷. 卽是不生不滅. 何以故.

만약 법이 진실로 존재한다면 응당 없어지지 않을 것이다. [만약] 이전에는 있었지만, 지금은 없다고 하면 그것은 단멸이 된다. [또] 만약 자성이 미리 존재한다고 말하면 그것은 상주가 된다. 그

---

2) 무생무멸無生無滅은 불생불멸과 동일한 의미이다.

러므로 불상부단을 설하면 곧바로 불생불멸의 이치를 깨닫게 되는 것이다.

法若實有則不應無. 先有今無是卽爲斷. 若先有性是則爲常. 是故說不常不斷. 卽入不生不滅義.

[그런데] 이렇게 [불생불멸과 불상부단이라는] 네 가지로 여러 법을 논파하는 것을 듣고도, 다시 [동일성과 상이성 등의] 네 가지로 여러 법을 세우는 사람들이 있다. [그러나] 그것도 역시 불합리하다. 만일 [원인과 결과가] 동일하다면 연緣이 없는 것이 된다. [반대로 원인과 결과가] 상이하다면 상속이 없는 것이 된다. [이에 대해서는] 뒤에서 여러 가지로 논파할 것이다. 그러므로 다시 불일불이를 설하는 것이다.

有人雖聞四種破諸法. 猶以四門成諸法. 是亦不然. 若一則無緣. 若異則無相續. 後當種種破. 是故復說不一不異.

[그런데 또] 어떤 사람은 이렇게 여섯 가지로 여러 법을 논파하는 것을 듣고도, 다시 오는 것과 가는 것을 가지고 여러 법을 세우려고 한다. [여기서] 오는 것이란 여러 법이 자재천이나 세성世性이나 미진微塵 등에서 오는 것을 말하고, 가는 것이란 본래의 장소로 가는 것을 말한다. [그러므로 다시 불거불래를 설하는 것이다.]

有人雖聞六種破諸法. 猶以來出成諸法. 來者. 言諸法從 自在天世性 微塵等來. 出者. 還去至本處.

다시 [말하자면] 만물은 무생無生이다. 왜인가? 세간에서 그렇게 나타나 보이기 때문이다. 세간 [사람들은] 눈으로 겁초의 곡식[에서] 불생을 본다. 왜인가? 겁초의 곡식을 떠나면 지금의 곡식은 존재하지 않는다. 만약 겁초의 곡식을 떠나서 지금의 곡식이 있다면 응당 생이 있다고 할 것이다. 그러나 실은 그렇지 않다. 그러므로 불생이다.

復次萬物無生. 何以故. 世間現見故. 世間眼見劫初穀不生. 何以故. 離劫初穀. 今穀不可得. 若離劫初穀有今穀者. 則應有生. 而實不爾. 是故不生.

[물음] 불생이라고 해도 응당 소멸은 있을 것이다.

問日. 若不生則應滅.

[답변] 불멸이다. 왜인가? 세간에서 그렇게 나타나 보이기 때문이다. 세간 [사람들은] 눈으로 겁초의 곡식[에서] 불멸을 본다. 만약 [겁초의 곡식이] 소멸했다면, 지금 [들판의] 곡식은 존재하지 않을 것이다. 그러나 사실은 곡식이 있다. 그러므로 불멸이다.

答日. 不滅. 何以故. 世間現見故. 世間眼見劫初穀不滅. 若滅今不應有穀而實有穀. 是故不滅.

[물음] 만약 불멸이라면 응당 상주일 것이다.

問日. 若不滅則應常.

[답변] 상주가 아니다. 왜인가? 세간에서 그렇게 나타나 보이기 때문이다. 세간 [사람들은] 눈으로 만물이 상주가 아님을 본다. 곡식에서 싹이 날 때, 씨앗은 변화하고 소멸하는 것과 같다. 그러므로 상주가 아니다.

答曰. 不常. 何以故. 世間現見故. 世間眼見萬物不常. 如穀芽時種則變壞. 是故不常.

[물음] 만약 상주가 아니라면 응당 단멸일 것이다.

問曰. 若不常則應斷.

[답변] 단멸이 아니다. 왜인가? 세간에서 그렇게 나타나 보이기 때문이다. 세간 사람들은 눈으로 만물이 단멸이 아님을 본다. 곡식에서 싹이 나오는 것과 같다. 그러므로 단멸이 아니다. 만일 단멸이라면 응당 상속은 존재하지 않을 것이다.

答曰. 不斷. 何以故. 世間現見故. 世間眼見萬物不斷. 如從穀有芽. 是故不斷. 若斷不應相續.

[물음] 그렇다면 만물은 동일하다고 해야 할 것이다.

問曰. 若爾者萬物是一.

[답변] 동일하지 않다. 왜인가? 세간에서 그렇게 나타나 보이기 때문이다. 세간 사람들은 눈으로 만물이 동일한 것이 아님을 본다. 곡식은 싹이 아니고, 싹은 곡식이 아닌 것과 같다. 만약 곡식

이 싹이고, 싹이 곡식이라면 응당 동일하다고 할 것이다. 그러나 실은 그렇지 않다. 그러므로 동일하지 않다.

答曰. 不一. 何以故. 世間現見故. 世間眼見萬物不一. 如穀不作芽芽不作穀. 若穀作芽芽作穀者. 應是一. 而實不爾. 是故不一.

[물음] 만약 동일하지 않다면 응당 상이하다고 해야 할 것이다.

問曰. 若不一則應異.

[답변] 상이한 것도 아니다. 왜인가? 세간에서 그렇게 나타나 보이기 때문이다. 세간 사람들은 눈으로 만물이 상이한 것이 아님을 본다. 만약 상이하다면 [어떻게] 그 곡식의 싹, 그 곡식의 줄기, 그 곡식의 잎이라고 분별하겠는가? [또한] 그 나무의 싹, 그 나무의 줄기, 그 나무의 잎이라고 말하지도 못할 것이다. 그러므로 [만물은] 상이한 것이 아니다.

答曰. 不異. 何以故. 世間現見故. 世間眼見萬物不異. 若異者. 何故分別穀芽穀莖穀葉. 不說樹芽樹莖樹葉. 是故不異.

[물음] [만물이] 상이한 것은 아니라고 해도 오는 것은 있을 것이다.

問曰. 若不異應有來.

[답변] 오는 것은 없다. 왜인가? 세간에서 그렇게 나타나 보이기

때문이다. 세간 사람들은 눈으로 만물이 오는 것이 아님을 본다. 마치 곡식 열매 가운데 싹이 어디서 오는 것이 아닌 것과 같다. 만약 [어디서] 오는 것이라면, 마치 새가 나무에 깃들 듯이 싹이 응당 다른 장소에서 와야 할 것이다. 그러나 실은 그렇지 않다. 그러므로 오는 것은 없다.

答曰. 無來何以故. 世間現見故. 世間眼見萬物不來. 如穀子中芽無所從來. 若來者. 芽應從餘處來. 如鳥來栖樹. 而實不爾. 是故不來.

[물음] 만약 오는 것이 아니라고 해도 가는 것은 있을 것이다.

問曰. 若不來應有出.

[답변] 가는 것도 없다. 왜인가? 세간에서 그렇게 나타나 보이기 때문이다. 세간 사람들은 눈으로 만물이 가는 것이 아님을 본다. 만약 가는 것이 있다면, 마치 뱀이 굴에서 나가는 것처럼, 싹이 곡식에서 나가는 것이 보여야 할 것이다. 그러나 실은 그렇지 않다. 그러므로 가는 것도 없다.

答曰. 不出. 何以故. 世間現見故. 世間眼見萬物不出. 若有出. 應見芽從穀出. 如蛇從穴出. 而實不爾. 是故不出.

## 라. 불생의 설명(1)

[물음] 비록 그대는 [그렇게] 불생불멸을 설명했지만, [이제] 나는

이 논서를 지은 [용수]의 설명을 듣고 싶다.

問曰. 汝雖釋不生不滅義. 我欲聞造論者所說.

[답변]

答曰.

여러 법은 자생自生도 아니고, 타생他生도 아니다.

공생共生도 아니고 무인생無因生도 아니다. 그러므로 무생無生임을 알아야 한다. 1-3)

諸法不自生 亦不從他生

不共不無因 是故知無生 1-3)

자생自生이 아니라는 것은 [다음과 같은 의미이다]. 만물 [가운데] 자체自體로부터 생하는 것은 없으며, 반드시 여러 원인을 기다려서 [생한다]. 또한 만약 자체로부터 생한다면, 하나의 사물이 두 개의 자체를 가지게 된다. 첫째는 생하게 하는 것이고, 둘째는 생하는 것이다. [또한] 만약 [만물이] 여러 원인을 떠나서 자체로부터 생한다면, [그것은] 무인무연無因無緣이 될 것이다. 또한 생이 다시 생을 가지게 되어 생은 끝이 없게 될 것이다.

不自生者. 萬物無有從自體生. 必待衆因. 復次若從自體生. 則一法有二體. 謂生. 二謂生者. 若離餘因從自體生者. 則無因無緣. 又生更有生 生則無窮.

[이처럼] 자[체로부터 생하는 것]이 없으니 타[체로부터 생하는 것]도 없다. 왜인가? 자[체로부터 생하는 것]이 있기 때문에 타[체로부터 생하는 것]이 있는 것이다. [그러므로] 만약 자체로부터 생하는 것이 아니라면, 타체로부터 생하는 것도 아니다. 공생共生이라면 두 가지 허물이 있다. 자체로부터도 생하고, 타체로부터도 생한다고 [말하기] 때문이다.

自無故他亦無. 何以故. 有自故有他. 若不從自生. 亦不從他生. 共生則有二過. 自生他生故.

만약 원인도 없이 만물이 있다고 한다면, 그것은 상주가 될 것이다. [그러나] 그런 일은 불합리하다. [왜냐하면] 원인이 없으면 결과도 없[기 때문이]다. 만약 원인이 없는데 결과가 있다면, 보시나 지계 등에 의해서 지옥에 떨어지게 되고, 10악惡과 5역逆에 의해서 천상에 태어나게 될 것이다. 왜냐하면 원인도 없이 [결과가 있다고 말하기] 때문이다. 또한

若無因而有萬物者. 是則爲常. 是事不然. 無因則無果. 若無因有果者. 布施持戒等應墮地獄. 十惡五逆應當生天. 以無因故. 復次

여러 법의 자성은 연緣 가운데 존재하지 않는다.
그와 같이 자성이 없으므로 타성도 존재하지 않는다. 1-4)

如諸法自性 不在於緣中
以無自性故 他性亦復無 1-4)

여러 법의 자성은 여러 연 가운데 존재하지 않는다. 다만 여러 연이 화합함으로써 [어떤] 명칭을 얻을 뿐이다. 자성이란 곧 자체自體를 말하는 것이다. [그러나] 여러 연 가운데 자성은 존재하지 않는다. [여러 연 가운데] 자성이 없으므로 [여러 법은] 자체로부터 생하는 것이 아니다.

諸法自性不在衆緣中. 但衆緣和合故得名字. 自性卽是自體. 衆緣中無自性. 自性無故不自生.

[이처럼] 자성이 없으므로 타성도 존재하지 않는다. 왜인가? 자성을 원인으로 해서 타성이 있는 것이고, 타성이란 그 타체他體에 있어서는 또한 자성이기 때문이다. [그러므로] 자성을 논파하면 타성도 논파하는 것이 된다. 그러므로 [여러 법은] 타성으로부터 생하는 것도 아니다.

自性無故他性亦無. 何以故. 因自性有他性. 他性於他亦是自性. 若破自性卽破他性. 是故不應從他性生.

[또한] 자성과 타성을 논파하면 공共의 의미도 논파된다. [만약] 무인無因이라고 말하면 큰 허물이 있게 된다. 원인이 있다고 하는 것도 논파되는데, 하물며 원인이 없다고 하는 것이 [논파되지 않겠는가]? 이와 같이 사구四句[3] 가운데 생은 불가득이기 때문에 불생[이라고 말하는 것]이다.

若破自性他性卽破共義. 無因則有大過. 有因尙可破. 何況無

3) 자생, 타생, 공생, 무인생이라는 네 가지 주장을 말한다.

因. 於四句中生不可得. 是故不生.

## 마. 사연의 존재 부정(1)

[물음] 아비달마의 논사들은 여러 법이 사연四緣에서 생한다고 말하는데, 어째서 불생不生인가? [거기서] 무엇이 사연인가 하면, [그것은 다음과 같다].

問曰. 阿毘曇人言. 諸法從四緣生. 云何言不生. 何謂四緣

인연, 차제연, 연연, 증상연, 이와 같은 사연四緣이
여러 법을 생한다. [그 외에] 다섯 번째 연은 없다. 1-5)
因緣次第緣 緣緣增上緣
四緣生諸法 更無第五緣 1-5)

일체의 연은 모두 이 사연 속에 포함되며, 이 사연으로부터 만물이 생한다. [그 가운데] 인연이란 일체의 유위법을 말한다. 차제연이란 과거 및 현재 아라한의 최후의 심법과 심소법을 뺀 나머지 과거와 현재의 심법과 심소법이다. 연연과 증상연이란 일체법을 말한다.

一切所有緣. 皆攝在四緣. 以是四緣 萬物得生. 因緣名一切有爲法. 次第緣除 過去現在 阿羅漢最後 心心數法. 餘過去現在心心數法. 緣緣增上緣一切法.

[답변]

答曰.

결과는 연에서 생하는 것인가? 비연非緣에서 생하는 것인가?

이 연은 결과를 갖는 것인가? 이 연은 결과를 갖지 않는 것인가? 1-6)

果爲從緣生 爲從非緣生

是緣爲有果 是緣爲無果 1-6)

만약 결과가 존재한다면, 그 결과는 연에서 생하는 것인가, 비연非緣에서 생하는 것인가? 만약 연이 존재한다면, 그 연은 결과를 가지는 것인가, 결과를 가지지 않는 것인가? 그 두 가지는 모두 불합리하다. 왜인가?

若謂有果. 是果爲從緣生. 爲從非緣生. 若謂有緣. 是緣爲有果爲無果. 二俱不然. 何以故

이 법을 원인으로 하여 결과가 생할 때, 그 법을 연緣이라고 부른다.

만약 결과가 아직 생하지 않았다면, 어떻게 [그것을] 비연非緣이라고 부르지 않겠느냐? 1-7)

因是法生果 是法名爲緣

若是果未生 何不名非緣 1-7)

여러 연은 결정되어 있지 않다. 왜인가? 만약 결과가 아직 생하지 않았다면, 그때는 연이라고 부르지 않기 때문이다. 다만 눈으로 연에서 결과가 생하는 것을 보기 때문에 연이라고 부르는 것이다. [그러므로] 연은 결과에 의존해서 성립하는 것이다. [그럴 경우] 결과는 나중이고 연은 먼저인데, 결과가 아직 존재하지 않는다면, 어떻게 [그것을] 연이라고 부를 수 있겠는가?

諸緣無決定. 何以故. 若果未生. 是時不名爲緣. 但眼見從緣生果. 故名之爲緣. 緣成由於果. 以果後緣先故. 若未有果何得名爲緣.

그것은 병과 같다. 물과 흙이 화합해서 병의 발생이 있다. [그럴 경우] 병의 연을 보기 때문에, 물과 흙 등이 병의 연임을 안다. [그러나] 만약 아직 병이 발생하지 않았다면, 어떻게 물과 흙 등을 비연非緣이라고 부르지 않겠는가? 그러므로 결과는 연에서 생하는 것이 아니다. 연에서 생하지 않는다고 해도, 어떻게 [결과가] 비연에서 생하겠는가? 또한

如甁以水土和合故有甁生. 見甁緣知水土等是甁緣. 若甁未生時. 何以不名水土等爲非緣. 是故果不從緣生. 緣尙不生. 何況非緣. 復次

결과가 연 속에 미리 있다고 하거나 없다고 하거나 그 둘은 모두 불합리하다.

[만약 결과가] 미리 없었다면 무엇의 연이 되겠는가? [만약 결과

가] 미리 있었다면 연이 무슨 필요가 있겠는가? 1-8)

果先於緣中 有無俱不可

先無爲誰緣 先有何用緣 1-8)

[그러므로 사실은] 연 가운데 미리 결과가 있는 것도 아니고, 결과가 없는 것도 아니다. 만약 미리 결과가 있었다면, [그것은] 연이라고 부르지 못할 것이다. 결과가 미리 있었기 때문이다. [반대로] 미리 결과가 없었다고 해도, [그것은] 연이라고 부르지 못할 것이다. 다른 사물을 생하도록 하지 못하기 때문이다.

緣中先非有果非無果. 若先有果不名爲緣. 果先有故. 若先無果亦不名爲緣. 不生餘物故.

## 바. 사연의 존재 부정(2)

[물음] [앞에서는] 일체의 인연을 묶어서 논파했으니, 이제 여러 연을 분리해서 논파하는 것을 듣고 싶다.

問曰. 已總破一切因緣. 今欲聞一一破諸緣. 答曰.

[답변]

만약 결과가 유有로부터 생한 것도 아니고, 무無로부터 생한 것도 아니고,

유무有無로부터 생한 것도 아니라면, 어떻게 [인]연因緣이[4] 있다고 말할 수 있겠는가? 1-9)

若果非有生 亦復非無生

亦非有無生 何得言有緣 1-9)

만약 연이 능히 결과를 생한다면, 그 [생]에는 세 가지가 있을 것이다. [즉] 그것은 유인 것이든가, 무인 것이든가, 유인 동시에 무인 것일 것이다. [그러나] 앞의 게송에서 설한 것처럼, 연 가운데 미리 결과가 있었다면, 그것은 생이라고 말하지 못할 것이다. 미리 있었기 때문이다. 만약 [연 가운데] 미리 결과가 없었다고 해도 생이라고 말하지 못할 것이다. 왜냐하면 미리 없었기 때문이다. 또한 [그럴 경우 그 연은] 비연非緣과 동일하기 때문이다.

若緣能生果. 應有三種. 若有若無若有無. 如先偈中說. 緣中若先有果 不應言生. 以先有故. 若先無果 不應言生. 以先無故. 亦應與非緣同故.

유인 동시에 무인 것이라고 해도 불생이라는 것은 다음과 같다. 즉 유인 동시에 무인 것이라고 하는 것은 반은 유이고 반은 무인 것을 말한다. [그러나] 그 둘이 함께라면 허물이 있다. 유는 무와 서로 다르고, 무는 유와 다른데, 어떻게 하나의 법이 [그렇게 상반되는] 두 가지 자상을 가질 수 있겠는가? 이렇게 세 가지로 결

4) '인연'이란 색법, 심법 등 일체법의 직접적인 원인이 되는 연을 총칭하여 말한 것이다.

과를 구해도 생상生相은 불가득이다. 그렇다면 어떻게 인연이 존재한다고 말할 수 있겠는가? 차제연은[5] [다음과 같이 그 존재가 논파된다].

有無亦不生者. 有無名爲半有半無. 二俱有過. 又有與無相違. 無與有相違. 何得一法有二相. 如是三種求果 生相不可得故. 云何言有因緣. 次第緣者

결과가 아직 생하지 않았다면, 응당 소멸은 존재하지 않을 것이다.

[반대로 이미] 소멸했다면 어떻게 연이 되겠는가? 그러므로 차제연은 존재하지 않는다. 1-10)

果若未生時 則不應有滅
滅法何能緣 故無次第緣 1-10)

여러 심법과 심소법은 삼세 가운데 차례로 생하며, 현재의 심법과 심소법이 소멸하면 미래심에 대하여 차제연이 된다[고 한다]. [그러나] 미래법은 아직 생하지 않았는데, [현재의 심법과 심소법은] 무엇에 대하여 차제연이 되겠는가? [반대로] 만약 미래법이 이미 존재로서 생했다면 차제연은 무슨 필요가 있겠는가?

5) '차제연'이란 심법과 심소법에 대하여 그것의 원인이 되는 한 찰나 이전의 심법과 심소법을 말한다. 예를 들면 아라한이 열반에 들기 직전 최후의 마음을 제외한 모든 심법과 심소법은 그 다음 찰나에 일어나는 심법과 심소법의 원인이 되는데 이것을 차제연이라고 부른다. 차제연은 심법과 심소법에 대한 것이고 그 밖의 법과는 관계가 없으며 '등무간연'等無間緣이라고도 부른다.

諸心心數法. 於三世中次第生. 現在心心數法滅. 與未來心作次第緣. 未來法未生. 與誰作次第緣. 若未來法已有卽是生. 何用次第緣.

[또한] 현재의 심법과 심소법은 머물러 있을 때가 없다. [그러나] 만약 머물러 있지 못한다면, [그것이] 어떻게 차제연이 되겠는가? [반대로] 만약 머물러 있다면 [그것은] 유위법이 아니다. 왜인가? 일체의 유위법은 항상 소멸하는 모습을 가지기 때문이다. [그러나] 이미 소멸했다면 [미래법에 대하여] 차제연이 될 수 없을 것이다.

現在心心數法 無有住時. 若不住何能爲次第緣. 若有住則非有爲法. 何以故. 一切有爲法 常有滅相故. 若滅已則 不能與作次第緣.

[그렇다고 해서] 소멸한 법이지만 존재한다고 말하면 그것은 상주가 된다. [심법과 심소법이] 상주라면 죄나 복 등이 없는 것이 된다. [또한] 만약 [심법 등이] 소멸하는 순간에 능히 차제연이 된다고 말하면, 소멸하는 순간이라고 하는 것은 반은 소멸하고 반은 아직 소멸하지 않은 것으로서, 소멸하는 순간이라고 부르는 [또] 다른 세 번째의 법은 없다.

若言滅法猶有則是常. 若常則無罪福等. 若謂滅時能與作次第緣. 滅時半滅半未滅. 更無第三法. 名爲滅時.

또한 부처님은 '일체의 유위법은 매 순간 소멸하여 한 순간도 머물지 않는다.'고 하셨으니, 어떻게 현재법에 욕멸[법]欲滅法과 미욕멸[법]未欲滅法이 있겠는가? [그러나 만약] 그대가 한 순간에 그와 같은 욕멸[법]과 미욕멸[법]이 없다고 말하면, 자파自派의 가르침을 깨뜨리게 될 것이다.

又佛說. 一切有爲法念念滅. 無一念時住. 云何言現在法 有欲滅未欲滅. 汝謂一念中 無是欲滅未欲滅. 則破自法.

[왜냐하면] 그대들 아비담은 멸법滅法과 불멸법不滅法이[6] 있다고 설하고, 욕멸법欲滅法과 불욕멸법不欲滅法이 있다고 설하기 때문이다. 욕멸법이란 장차 소멸하려고 하는 현재의 법이다. 불욕멸법이란 장차 소멸하려고 하는 현재법을 제외한 나머지의 현재법 및 과거와 미래의 무위법이다. 이것을 불욕멸법이라고 부른다. 그러므로 차제연은 존재하지 않는다. 연연緣緣[7]은 [다음과 같이 그 존재가 논파된다].

汝阿毘曇說. 有滅法有不滅法. 有欲滅法有不欲滅法. 欲滅法者. 現在法將欲滅. 未欲滅法者. 除現在將欲滅法. 餘現在法及過去未來無爲法. 是名不欲滅法. 是故無次第緣. 緣緣者.

여러 부처님이 설하신 진실하고 미묘한 법,

---

6) 멸법이란 소멸하는 법으로서 유위법을 말하고, 불멸법이란 소멸하지 않는 법으로서 무위법을 말한다.

7) 심법이나 심심소법이 생할 때에는 반드시 객관적인 대상이 필요하며, 그 대상은 심법과 심소법을 일으키는 원인이 되는데, 바로 그 대상이 소연연이라고 한다.

이 무연無緣인 법 가운데 어떻게 연연緣緣이 있겠느냐? 1-11)

如諸佛所說 眞實微妙法

於此無緣法 云何有緣緣 1-11)

부처님은 대승의 여러 가르침을 설하셨다. [그 가르침에 의하면] 유색과 무색, 유형과 무형, 유루와 무루, 유위와 무위 등 여러 법의 모습은 법성法性에 들어가면, 일체가 모두 공이어서, 상相도 존재하지 않고 연緣도 존재하지 않는다. 비유하면 여러 강물이 바다에 들어가면 모두 한 맛이 되는 것과 같다. [이와 같은] 진실한 가르침은 믿을 수 있지만, 중생의 근기에 따라 설한 것은 진실이라고 말할 수 없다. 그러므로 소연연은 존재하지 않는다. 증상연은 [다음과 같이 그 존재가 논파된다].

佛說. 大乘諸法. 若有色無色 有形無形 有漏無漏 有爲無爲 等諸法相 入於法性. 一切皆空 無相無緣. 譬如衆流入海 同爲 一味. 實法可信 隨宜所說 不可爲實. 是故無緣緣. 增上緣者

여러 법은 자성이 없으므로 유有의 자상도 없다.

그러므로 "이것이 있기 때문에 저것이 있다."고 설하는 것은 옳지 않다. 1-12)

諸法無自性 故無有有相

說有是事故 是事有不然 1-12)

경전에서는 "이것이 있기 때문에 저것이 있다."라고 설한다. 그러나 그것은 그렇지 않다. 왜인가? 여러 법은 여러 연을 따라서 생하기 때문에 정해진 자성이 없다. 정해진 자성이 없기 때문에 유有의 자상도 없다. 그런데 어떻게 "이것이 있기 때문에 저것이 있다."라고 말할 수 있겠는가? 그러므로 증상연도 존재하지 않는다. 부처님은 [단지] 유와 무를 분별하는 범부들의 [근기에] 따라서 [방편으로 그렇게] 설하신 것이다. 또한

經說十二因緣. 是事有故是事有. 此則不然. 何以故. 諸法從衆緣生故 自無定性. 自無定性故 無有有相. 有相無故. 何得言是事有故是事有. 是故無增上緣. 佛隨凡夫分別有無故說. 復次

## 사. 불생의 설명(2)

[이처럼] 간략하게 [말하든] 자세하게 [말하든], 인연 속에서 결과는 불가득이다.

만약 인연 속에 없다면 어떻게 연에서 나올 것인가? 1-13)

略廣因緣中 求果不可得

因緣中若無 云何從緣出 1-13)

간략하게 [말한다는] 것은 [여러] 인연이 화합한 가운데 결과가 없다는 것이고, 자세하게 [말한다는] 것은 각각의 연 속에도 결과가 없다는 것이다. 만약 간략하게 말하든 자세하게 말하든 인연 가운데 결과가 없다면, 어떻게 결과가 인연에서 나온다고 말할 수 있겠는가. 또한

略者. 於和合因緣中無果. 廣者. 於一一緣中亦無果. 若略廣因緣中無果. 云何言果從因緣出. 復次

만약 연에는 결과가 없지만 연에서 [결과가] 나온다고 말하면,
어떻게 비연非緣에서는 결과가 나오지 못하겠는가? 1-14)
若謂緣無果 而從緣中出
是果何不從 非緣中而出 1-14)

만약 인연 속에서 결과를 찾아도 얻을 수 없[지만 연에서 결과가 나온다고 말한다]면, 어째서 비연에서는 나오지 못하겠는가? [즉] 진흙 가운데 항아리는 없[지만 진흙에서 항아리가 나온다고 말한다]면, 어째서 우유에서는 나오지 못하겠는가? 또한

若因緣中求果不可得. 何故不從非緣出. 如泥中無瓶. 何故不從乳中出. 復次

만약 결과가 연에서 생하고, 그 연이 무자성이라면,
무자성인 것에서 생하는데, 어떻게 연에서 생한다고 [말]할 수 있겠는가? 1-15)
若果從緣生 是緣無自性
從無自性生 何得從緣生 1-15)

[그러므로] 결과는 연에서 생하는 것도 아니고, 비연非緣에서 생하는 것도 아니다.

[이처럼] 결과가 존재하지 않기 때문에, 연이나 비연非緣도 존재하지 않는다. 1-16)

果不從緣生 不從非緣生

以果無有故 緣非緣亦無 1-16)

결과는 여러 연에서 생한다. [그런데] 그 연은 무자성이다. 만약 무자성이라면 [그] 법은 존재하는 것이 아니다. 존재하지도 않는 법이 무엇을 생하도록 할 수 있겠는가? 그러므로 결과는 연에서 생하는 것이 아니다.

果從衆緣生. 是緣無自性. 若無自性則無法. 無法何能生. 是故果不從緣生.

비연에서 생하는 것도 아니라는 것은 다음과 같다. 연을 논파하기 위해서 비연을 설했지만, 사실은 비연인 법도 존재하지 않는다. 그러므로 비연에서 생하는 것도 아니다. 만약 그 두 가지로부터 생하는 것이 아니라면 결과는 존재할 수 없다. 이처럼 결과가 존재하지 않기 때문에 연과 비연도 존재하지 않는다.

不從非緣生者. 破緣故說非緣. 實無非緣法. 是故不從非緣生. 若不從二生. 是則無果. 無果故緣非緣亦無

제 2 장

# 관거래품(觀去來品)

# 제2장
# 관거래품(觀去來品)

## 가. 세 가지 감의 존재 부정

[물음] 세간 [사람들은] 눈으로 삼시三時에 [걸쳐서] 이거已去, 미거未去, 거시去時가 만들어지는 것을 본다. 이처럼 [이거, 미거, 거시의] 만들어짐이 있으므로, [그와 같은] 여러 법이 있는 것을 알아야 한다.[1)]

---

1) 여기서 ① 이거란 '이미 가버린 것', ② 미거란 '아직 가지 않은 것', ③ 거시란 '지금 가고 있는 것'을 말하며, 각각 '과거의 사물, 미래의 사물, 현재의 사물'을 의미한다. 제2장에서는 '가는 현상'과 관련된 유사한 용어들이 발견된다. 그 중에서 ① 거去는 '감', ② 거자去者는 '가는 자', ③ 거법去法은 '감의 법, 감의 현상, 감의 작용', ④ 거업去業은 '감의 행위'를 의미한다. 그러므로 거, 거법, 거업의 세 가지는 동일한 의미라고 생각된다.

問曰. 世間眼見 三時有作. 已去未去去時. 以有作故 當知有諸法.

[답변]

答曰.

이거에는 감이 존재하지 않는다. 미거에도 감은 존재하지 않는다.

이거와 미거를 떠난 거시에도 감은 존재하지 않는다. 2-1)

已去無有去 未去亦無去

離已去未去 去時亦無去 2-1)

이거에는 감이 존재하지 않는다. 이미 가버렸기 때문이다. 만약 감을 떠나서 거업去業이 있다면 그것은 불합리하다. 미거에도 감은 존재하지 않는다. 아직 거법去法이 존재하지 않기 때문이다. 거시란 반은 가고, 반은 가지 않은 것을 말한다. [그것은] 이거와 미거를 떠난 것이 아니기 때문이다. [그러므로 거시에도 감은 존재하지 않는다.]

已去無有去已去故. 若離去有去業. 是事不然. 未去亦無去. 未有去法故. 去時名半去半未去. 不離已去未去故.

## 나. 거시의 존재 부정

[물음]

問曰.

움직임이 있는 곳에 감이 있다. 그 속에 거시가 있는 것이고,

이거와 미거에 있는 것은 아니다. 그러므로 거시는 간다. 2-2)

動處則有去 此中有去時

非已去未去 是故去時去 2-2)

작업이 있는 곳, 거기에 응당 감이 있을 것이다. [세상 사람들은] 눈으로 거시 가운데 작업이 있는 것을 본다. 이거 속의 작업은 이미 소멸했고, 미거 속의 작업은 아직 존재하지 않는다. [그러나 거시 속에는 작업이 있다.] 그러므로 거시 속에는 감이 있음을 알아야 한다.

隨有作業處. 是中應有去. 眼見去時中有作業. 已去中作業已滅. 未去中未有作業. 是故當知去時有去.

[답변]

答曰.

거시 속에 어떻게 거법이 있겠는가?

거법을 떠나면 거시는 불가득이기 때문이다. 2-3)

云何於去時 而當有去法

若離於去法 去時不可得 2-3)

거시에 거법이 있다고 하는 것, 그것은 불합리하다. 왜인가? 거법을 떠나면 거시는 불가득이기 때문이다.[2] 만약 거법을 떠나서 거시가 있다고 하면, 응당 그릇 속에 과일이 들어 있는 것처럼 거시 속에 감이 있어야 할 것이다. [그러나 그것은 불합리하다.] 또한,

去時有去法. 是事不然. 何以故. 離去法去時不可得. 若離去法有去時者. 應去時中有去. 如器中有果. 復次

만약 "거시가 간다."라고 말하면, 그런 사람에게는 허물이 있다.

[그렇게 되면] 감을 떠난 거시가 있어서, 거시가 홀로 가는 것이 되기 때문이다. 2-4)

若言去時去 是人則有咎

離去有去時 去時獨去故 2-4)

만약 "이거와 미거에는 감이 없지만, 거시에는 진실로 감이 있다."라고 말하면, 그런 사람에게는 허물이 있다. 만약 거법을 떠나서 거시가 있다면, [그 둘은] 서로 의존하지 않는 것이 되기 때문이

2) 불가득이란 '인식되지 않는다. 혹은 포착되지 않는다.'는 의미이다.

다. 왜인가? 만약 "거시에 감이 있다."라고 말하면, 그 [감]은 둘이 되겠지만 사실은 그럴 수 없다. 그러므로 감을 떠나서 거시가 있다고 말할 수는 없다. 또한

若謂已去未去中無去. 去時實有去者. 是人則有咎. 若離去法有去時. 則不相因待. 何以故. 若說去時有去. 是則爲二. 而實不爾. 是故不得言 離去有去時. 復次

만약 "거시에 감이 있다."라고 말하면, 두 개의 감이 있게 된다.

첫째는 '거시'라고 말하기 [때문]이고, 둘째는 "거시가 간다."라고 말하기 [때문]이다. 2-5)

若去時有去 則有二種去

一謂爲去時 二謂去時去 2-5)

"거시에 감이 있다."라고 말하면 거기에는 허물이 있다. [그 허물이란] 이른바 두 개의 감이 있게 된다는 것이다. [그 가운데] 첫째는 감을 원인으로 해서 거시가 있기 [때문]이고, 둘째는 그 거시에 [다시] 감이 있기 [때문]이다.

若謂去時有去 是則有過. 所謂有二去. 一者因去有去時. 二者去時中有去.

[물음] 두 개의 감이 있다면 무슨 허물이 있는가?

問曰. 若有二去有何咎.

[답변]

答曰.

거법이 둘이라면, 거자도 둘이 되어야 할 것이다.

거자를 떠나서 거법은 불가득이기 때문이다. 2-6)

若有二去法 則有二去者

以離於去者 去法不可得 2-6)

만약 거법이 둘이라면 거자도 둘이 되어야 한다. 왜인가? 거법을 원인으로 해서 거자가 있기 때문이다. [그러나] 한 사람에게 두 개의 감이 있다고 하거나, [하나의 감에] 두 개의 거자가 있다고 하는 것은 불합리하다. 그러므로 거시에도 감은 존재하지 않는다.

若有二去法. 則有二去者. 何以故. 因去法有去者故. 一人有二去二去者. 此則不然. 是故去時亦無去.

## 다. 거자의 존재 부정

[물음] 거자를 떠나서 거법이 존재하지 않는 것은 인정하겠다. [그러나] 지금 삼시三時 가운데 거자가 결정적으로 존재한다.

問曰. 離去者無去法可爾. 今三時中定有去者.

[답변]

答曰.

거자를 떠나면 거법은 불가득이다.

[그렇다면] 거법이 존재하지 않는데 어떻게 거자가 존재하겠는가? 2-7)

若離於去者 去法不可得

以無去法故 何得有去者 2-7)

거자를 떠나면 거법은 불가득이다. [그렇다면] 지금 거법이 존재하지 않는데 어떻게 삼시에 결정적으로 거자가 있다고 말하겠는가? 또한,

若離於去者. 則去法不可得. 今云何於無去法中. 言三時定有去者. 復次

거자는 가지 않는다. 불거자不去者도 가지 않는다.

거자와 불거자를 떠난 제3의 거자는 없다. 2-8)

去者則不去 不去者不去

離去不去者 無第三去者 2-8)

거자는 존재하지 않는다. 왜인가? 만약 거자가 존재한다면, 그것은 두 종류일 것이다. 즉 거자와 불거자이다. 그 둘을 떠나면 제3의 거자는 없다.

無有去者. 何以故. 若有去者則有二種. 若去者若不去者. 若離是二. 無第三去者.

[물음] 만약 "거자가 간다."라고 말하면 어떤 오류가 있는가?

問曰. 若去者去有何咎.

[답변]

答曰.

만약 "거자가 간다."라고 말한다면, 그런 말이 어떻게 성립할 수 있겠는가?

거법을 떠나면 거자는 불가득이기 때문이다. 2-9)

若言去者去 云何有此義

若離於去法 去者不可得 2-9)

만약 결정적으로 존재하는 거자가 거법을 사용한다면 그것은 불합리하다. 왜인가? 거법을 떠나면 거자는 불가득이기 때문이다. 만약 거자를 떠나서 거법이 결정적으로 존재하기 때문에, 거자가 거법을 사용할 수 있다고 한다면, 사실은 그렇지 않다. 또한,

若謂定有去者用去法. 是事不然. 何以故. 離去法. 去者不可得故. 若離去者 定有去法. 則去者能用去法. 而實不爾. 復次

만약 거자에게 감이 있다고 하면, 두 개의 감이 있는 것이 된다.

하나는 거자에 [있는] 감이고, 다른 하나는 거법에 [있는] 감이다. 2-10)

若去者有去 則有二種去

一謂去者去 二謂去法去 2-10)

만약 "거자가 거법을 사용한다."라고 말하면, [감이] 둘이라는 오류가 된다. [왜냐하면] 하나의 거자 속에 두 개의 감이 있는 것이 되기 [때문]이다. 첫째는 거법이 거자를 성립하도록 하기 때문이고, 둘째는 거자가 거법을 성립하도록 하기 때문이다. [또한] 거자가 성립한 연후에 거법을 사용하는 것도 불합리하다. 그러므로 앞에서 삼시에 결정적으로 존재하는 거자가 거법을 사용한다고 [말하는] 것은 불합리하다고 [말한] 것이다. 또한

若言去者用去法. 則有二過. 於一去者中而有二去. 一以去法成去者. 二以去者成去法. 去者成已然後用去法. 是事不然. 是故先三時中. 謂定有去者用去法. 是事不然. 復次

만약 "거자가 간다."라고 말하면, 그런 사람에게는 허물이 있다.

[그것은] 감을 떠난 거자가 있어서, [그런] 거자에게 감이 있다고 말하는 것이기 [때문이다]. 2-11)

若謂去者去 是人則有咎

離去有去者 說去者有去 2-11)

만약 어떤 사람이 "거자가 거법을 사용한다."라고 말하면, 그런 사람에게는 허물이 있다. [그렇게 되면] 거법을 떠난 거자가 있는

것이 되기 때문이다. 왜인가? "거자가 거법을 사용한다."라고 말하면, 그것은 거자가 미리 있고 나중에 거법이 있는 것이 되지만, 그것은 불합리하기 때문이다. 그러므로 삼시 중에 거자는 존재하지 않는다.

若人說去者能用去法. 是人則有咎. 離去法有去者. 何以故. 說去者用去法. 是爲先有去者後有去法. 是事不然. 是故三時中無有去者.

## 라. 출발과 머묾의 존재 부정

또한 만약 결정적으로 감이 있고 거자가 있다면, 응당 처음의 출발이 있어야 할 것이다. 그러나 삼시 중에서 출발을 찾아도 찾을 수가 없다. 왜인가?

復次若決定有去有去者. 應有初發. 而於三時中. 求發不可得. 何以故

이거 속에도 출발은 없고 미거 속에도 출발은 없다.
[또한] 거시 속에도 출발은 없다. [그렇다면] 어디에 출발이 있겠는가? 2-12)

已去中無發 未去中無發
去時中無發 何處當有發 2-12)

왜인가? 삼시 중에 출발이 존재하지 않기 때문이다.

何以故. 三時中無發

아직 출발하지 않았다면, 거시도 존재하지 않고, 이거도 존재하지 않는다.

응당 그 두 가지에 출발이 있어야 할텐데, 어떻게 미거에 출발이 있겠는가? 2-13)

未發無去時 亦無有已去

是二應有發 未去何有發 2-13)

[이]거에도 [출발은] 없고, 미거에도 [출발은] 없고, 거시에도 [출발은] 없다.

[이처럼] 일체에 출발이 존재하지 않는데, 어떻게 분별할 것인가? 2-14)

無去無未去 亦復無去時

一切無有發 何故而分別 2-14)

만약 사람이 아직 출발하지 않았다면, 거시도 존재하지 않고, 이거도 존재하지 않는다. 출발이 있다면 그 두 곳, 즉 거시와 이거 속에 있어야 하겠지만, 그 두 가지는 모두 불합리하다.

若人未發則無去時. 亦無已去. 若有發當在二處. 去時已去中. 二俱不然.

[또한] 미거일 때에는 [당연히] 아직 출발이 존재하지 않는다. 어

떻게 미거에 출발이 있겠는가? 출발이 없기 때문에 감도 존재하지 않는다. 감이 존재하지 않기 때문에 거자도 존재하지 않는다. [거자가 존재하지 않는데,] 어떻게 이거와 미거와 거시가 존재하겠는가?

未去時未有發故. 未去中何有發. 發無故無去. 無去故無去者. 何得有已去未去去時.

[물음] 만약 감과 거자가 존재하지 않는다고 해도, 응당 머묾과 머무는 자住者는 존재할 것이다.

問曰. 若無去無去者. 應有住住者.

[답변]

答曰.

거자는 머물지 않는다. 불거자不去者도 머물지 않는다.
거자와 불거자를 떠난 세 번째 머무는 자가 어떻게 존재하겠는가? 2-15)

去者則不住 不去者不住
離去不去者 何有第三住 2-15)

만약 머묾과 주자가 있다면, 응당 거자가 머물거나, 불거자가 머물어야 할 것이다. 만약 이 둘을 떠난 제3자가 머문다고 말하면 그것은 불합리하다.

若有住有住者. 應去者住. 若不去者住. 若離此二. 應有第三住. 是事不然.

[그러나] 거자는 머물지 않는다. 감이 멈추지 않기 때문이다. [그리고] 감의 상相과 다른 것을 머묾이라고 부르기 [때문이다]. [또한] 불거자도 머물지 않는다. 왜인가? 감이라는 법의 소멸을 원인으로 해서 머묾이 있는 것인데, [불거자에게는] 감이 없으니 머묾도 없기 때문이다.

去者不住. 去未息故. 與去相違名爲住. 不去者亦不住. 何以故. 因去法滅故有住. 無去則無住.

[그리고] 거자와 불거자를 떠난 제3의 주자住者는 없다. 만약 제3의 주자가 있다면, [그것은 당연히] 거자와 불거자 속에 있을 것이다. 그러므로 거자가 머문다는 말은 성립하지 않는다. 또한

離去者不去者. 更無第三住者. 若有第三住者. 卽在去者不去者中. 以是故. 不得言去者住. 復次

거자가 머문다면, 어떻게 그것이 말이 되겠는가?
감을 떠나면 거자는 불가득이기 때문이다. 2-16)
去者若當住 云何有此義
若當離於去 去者不可得 2-16)

그대는 "거자가 머문다."라고 말한다. 그러나 그것은 불합리하

다. 왜인가? 거법을 떠나면 거자는 성립할 수 없기 때문이다. 만약 거자에게 감의 [자]상이 있다면, 어떻게 머물 수 있겠는가? 감과 머묾은 서로 어긋나기 때문이다. 또한

汝謂去者住. 是事不然. 何以故. 離去法. 去者不可得. 若去者在去相. 云何當有住. 去住相違故. 復次

[이]거와 미거에는 머묾이 없다. 거시에도 머묾이 없다.

이른바 나아감行과 멈춤止이라는 법도 모두 감과 이치가 같다. 2-17)

去未去無住 去時亦無住

所有行止法 皆同於去義 2-17)

만약 거자가 머문다고 하면, 그 사람은 응당 거시, 이거, 미거 가운데 있다가 머물러야 할 것이다. [그러나] 그 세 곳에는 모두 머묾이 없다. 그러므로 그대는 거자에게 머묾이 있다고 말하지만 그것은 불합리하다. 거법과 주법을 논파한 것처럼 나아감(行)과 멈춤(止)도 그렇게 [논파된다].

若謂去者住. 是人應在去時已去未去中住. 三處皆無住. 是故汝言去者有住. 是則不然. 如破去法住法. 行止亦如是.

나아감이란 곡식의 씨앗이 상속하여 싹이나 줄기나 잎 등이 되는 것과 같고, 멈춤이란 곡식의 씨앗이 소멸하기 때문에 싹이나 줄기나 잎 등이 소멸하는 것과 같다. 상속하기 때문에 나아감이라

고 말하고, 끊어지기 때문에 멈춤이라고 말한다.

行者. 如從穀子相續至芽莖葉等. 止者. 穀子滅故芽莖葉滅. 相續故名行. 斷故名止.

또한 무명을 연으로 해서 여러 행行에서 노사老死[가 있는 것]을 나아감(行)이라고 말하고, 무명이 멸하기 때문에 여러 행 등이 멸하는 것을 멈춤(止)이라고 말하는 것과 같다.

又如無明緣諸行乃至老死是名行. 無明滅故諸行等滅是名止.

## 마. 감과 거자의 동일성과 상이성 부정

[물음] 그대는 여러 가지로 감과 거자, 머묾과 주자를 논파하지만, [우리는 여전히] 눈으로 감과 머묾을 보지 않는가?

問曰. 汝雖種種門破 去去者住住者. 而眼見有去住.

[답변] 육안으로 보는 것은 믿을 만한 것이 못 된다. 만약 감과 거자가 진실로 존재한다면, [그 둘은] 하나의 법이라고 하겠는가, [아니면] 두 개의 법이라고 하겠는가? [그러나] 그 두 가지에는 모두 오류가 있다. 왜인가?

答曰. 肉眼所見不可信. 若實有去去者. 爲以一法成. 爲以二法成. 二俱有過. 何以故

거법이 곧 거자라고 하는 것, 그것은 불합리하다.

거법이 거자와 다르다고 하는 것, 그것도 불합리하다. 2-18)

去法卽去者 是事則不然

去法異去者 是事亦不然 2-18)

거법과 거자가 동일하다는 것은 불합리하다. [그러나 그 둘이] 다르다고 하는 것도 불합리하다.

若去法去者一. 是則不然. 異亦不然.

[물음] [그 둘이] 동일하다고 하는 것과 상이하다고 하는 것에 무슨 오류가 있는가?

問曰. 一異有何過.

[답변]

答曰.

만약 "거법이 곧 거자이다."라고 말하면,

작자와 작업이 동일하다[고 말하]는 것이 된다. 2-19)

若謂於去法 卽爲是去者

作者及作業 是事卽爲一 2-19)

[반대로] "거법과 거자는 상이하다."라고 말하면,

거자를 떠나서 감이 있고, 감을 떠나서 거자가 있어야 할 것이다. 2-20)

若謂於去法 有異於去者
離去者有去 離去有去者 2-20)

이와 같이 두 가지에는 모두 오류가 있다. 왜인가? 만약 거법이 곧 거자라면, 이는 곧 뒤섞이고 어지러운 것이니, 인연을 무너뜨리게 될 것이다. [사실은 그런 것이 아니라] 감을 원인으로 해서 거자가 있고, 거자를 원인으로 해서 감이 있는 것이다.

如是二俱有過. 何以故. 若去法卽是去者. 是則錯亂破於因緣. 因去有去者. 因去者有去.

또한 감은 법이라고 부르고, 거자는 사람이라고 부른다. [그런데] 사람은 상주이고[3] 법은 무상이다. 만약 [그 둘이] 하나라면, 응당 그 둘이 모두 상주가 되든가, 아니면 그 둘이 모두 무상이 되어야 할 것이다. [거법과 거자가] 하나라고 하는 [주장]에는 이와 같은 오류가 있다.

又去名爲法. 去者名爲人. 人常法無常. 若一者則 二俱應常 二俱無常. 一中有如是等過.

만약 상이하다면, [그 둘은] 서로 [완전히] 다른 것이니, 응당 거법이 없어도 거자가 있을 것이고, 거자가 없어도 거법이 있을 것이다. [또한] 서로 의존하지 않는다면, 하나의 법이 소멸해도 응당

---

3) 여기서 사람이란 '속성과 작용의 소유자'인 자아를 의미하는 것이라고 생각된다.

다른 하나의 법은 존재할 것이다. [그 둘이] 상이하다고 하는 [주장]에는 이와 같은 오류가 있다. 또한

若異者則相違. 未有去法 應有去者. 未有去者 應有去法. 不相因待. 一法滅應一法在. 異中有如是等過. 復次

## 바. 감, 거자, 가는 장소의 존재 부정

감과 거자라는 두 가지가 동일하거나 상이한 법으로 성립한다는

그 두 가지 주장은 모두 성립하지 않는다. [그런 주장이] 어떻게 성립할 수 있겠는가? 2-21)

去去者是二 若一異法成

二門俱不成 云何當有成 2-21)

[이처럼] 거자와 거법이 존재하여, [그 둘이] 동일한 법으로 성립한다고 하거나, 상이한 법으로 성립한다고 하는 주장, 그 두 가지는 모두 불합리하다. [또한] 이미 앞에서 [그 밖의] 다른 제3의 법은 존재하지 않는다고 설하였다. [그러나] 만약 [그 둘이] 존재로서 성립한다고 말한다면, 어째서 감도 존재하지 않고 거자도 존재하지 않는지 그 이유를 [다시] 설명하겠다. 이제 다시 말하겠다.

若去者去法. 有若以一法成. 若以異法成. 二俱不可得. 先已說無第三法成. 若謂有成. 應說因緣 無去無去者. 今當更說

감을 원인으로 해서 거자가 알려진다고 하지만, [그 거자는] 그 감을 사용할 수 없다.

거법이 미리 존재하지 않기 때문이다. 그러므로 거자와 감은 모두 존재하지 않는다. 2-22)

因去知去者 不能用是去

先無有去法 故無去者去 2-22)

거법에 의해서 거자가 알려진다고 하지만, 그 거자는 그 거법을 사용할 수 없다. 왜인가? 거법이 아직 존재하지 않을 때에는 거자도 존재하지 않고, 거시와 이거와 미거도 존재하지 않기 때문이다.

隨以何去法知去者. 是去者不能用是去法. 何以故. 是去法未有時. 無有去者. 亦無去時已去未去.

사람이나 성곽이나 마을이 먼저 존재하고, [그 사람이] 일어나서 [그곳으로 가는 것]과 같다고 말하지만, 거법과 거자는 그렇지 않다. 거자는 거법을 원인으로 해서 성립하고, 거법은 거자를 원인으로 해서 성립하기 때문이다. 또한

如先有人有城邑得有所起. 去法去者則不然. 去者因去法成. 去法因去者成故. 復次

감을 원인으로 해서 거자가 알려진다고 하지만, [그는] 다른 감을 사용할 수 없다.

한 [사람의] 거자 속에 [그 밖의] 다른 감은 성립하지 않기 때문이다. 2-23)

因去知去者 不能用異去

於一去者中 不得異去故 2-23)

거법에 의해서 거자가 알려진다고 하지만, 그 거자는 [그 밖의] 다른 거법을 사용할 수 없다. 왜인가? 하나의 거자 속에 두 개의 거법은 성립하지 않기 때문이다. 또한

隨以何去法知去者. 是去者不能用異去法. 何以故. 一去者中. 二去法不可得故. 復次

결정적으로 존재하는 거자는 세 종류의 감을 사용하지 못한다.

불결정인 거자도 세 종류의 감을 사용하지 못한다. 2-24)

決定有去者 不能用三去

不決定去者 亦不用三去 2-24)

거법이 결정적이거나 불결정이라고 해도 거자는 세 종류의 [감]을 사용하지 못한다.

그러므로 감과 거자, 그리고 가야 할 장소는 모두 존재하지 않는다. 2-25)

去法定否定 去者不用三

是故去去者 所去處皆無 2-25)

[여기서] 결정이라고 하는 것은 본래부터 진실로 존재하는 것을 말하는 것이고, 거법을 원인으로 해서 생하는 것이 아니다. [또한] 거법이란 몸의 움직임을 말하는 것이고, 세 종류[의 감이]란 미거와 이거와 거시의 [감]을 말한다.

決定者. 名本實有. 不因去法生. 去法名身動. 三種名未去 已去去時.

[그런데] 만약 거자가 결정적으로 존재한다면, 응당 거법을 떠나서 거자가 존재할 것이고, [그 거자는] 머물지 않을 것이다. 그러므로 거자가 결정적으로 존재한다고 말하면 [그는] 세 종류의 감을 사용할 수 없다.

若決定有去者. 離去法應有去者. 不應有住. 是故說決定有去者 不能用三去.

만약 거자가 불결정이라면, 불결정이란 본래부터 진실로 존재하지 않는 것을 말하는 것이므로, 거법을 원인으로 해서 거자라는 이름을 얻게 되는 것이다. [그런데] 거법이 존재하지 않으니 [불결정인 거자도] 세 종류의 감을 사용할 수 없다.

若去者不決定. 不決定名本實無. 以因去法得名去者. 以無去法故 不能用三去.

[왜냐하면] 거법을 원인으로 해서 거자가 있기 때문이다. [그런데] 거법이 미리 존재하지 않는다면 거자도 존재하지 않는다. [그

렇다면] 어떻게 불결정인 거자가 세 종류의 감을 사용한다고 말할 수 있겠는가?

因去法故有去者. 若先無去法則無去者. 云何言不決定去者用三去.

거자와 마찬가지로 거법도 그와 같다. 만약 거자를 떠나서 미리 거법이 결정적으로 존재한다면, 거자를 원인으로 하지 않고도 거법이 있을 것이다. 그러므로 거자는 세 종류의 거법을 사용할 수 없다.

如去者去法亦如是. 若先離去者. 決定有去法. 則不因去者有去法. 是故去者. 不能用三去法.

[또한] 만약 거법이 결정적으로 존재하지 않는다면, 거자가 무슨 소용이 있겠는가? 이와 같이 사유하고 관찰해야 할 것이다.

若決定無去法 去者何所用. 如是思惟觀察.

[진실을 말하자면] 거법, 거자, 가는 장소, 이와 같은 법들은 모두 상호 의존하는 것이어서, 거법을 원인으로 해서 거자가 있고, 거자를 원인으로 해서 거법이 있는 것이다. [또한] 그 [거법과 거자라는 두 가지 법을 원인으로 해서 가는 장소가 있는 것이니, [그것들은 모두] 결정적으로 존재한다고도 말할 수 없고 결정적으로 존재하지 않는다고도 말할 수 없다.

去法去者所去處. 是法皆相因待. 因去法有去者. 因去者有去

法. 因是二法則有可去處 不得言定有. 不得言定無.

그러므로 [그와 같은] 세 가지 법은 [모두] 허망하고 공인 것이어서, [진실로] 존재하는 것이 아니고 다만 가명으로써 존재하는 것이고, 환영과 같고 신통력으로 만들어진 것과 같다고 분명하게 알아야 할 것이다.

是故決定知. 三法虛妄. 空無所有. 但有假名. 如幻如化.

제 3 장

# 관육정품(觀六情品)

# 제3장
# 관육정품(觀六情品)

## 가. 눈과 봄의 존재 부정

[물음] 경전에서는 6정六情이 있다고 말한다. [그것은] 이른바

問曰. 經中說有六情. 所謂

안이비설신의眼耳鼻舌身意 등은 육정六情이다.

이 안眼 등의 육정은 색色 등의 육진六塵에서 작용한다. 3-1)[1]

---

1) 6정情이란 안이비설신의眼耳鼻舌身意 등 6종류의 지각기관을 말한다. 6진塵이란 색성향미촉법色聲香味觸法 등 6종류의 지각 대상을 말한다. 6정은 인간의 내면에 있기 때문에 내정內情이라고 부르고, 6진은 인간의 외면에 있기 때문에 외진外塵이라고 부른다. 6정은 6근根이라고도 부르고, 6진은 6경境이라고도 부른다. 용수는 이 게송에서 6근根을 말할 때 일반적으로 사용되는 cakṣu(눈,

眼耳及鼻舌 身意等六情

此眼等六情 行色等六塵 3-1)

그 가운데 눈眼은 내정內情이고, 색色은 외진外塵이라고 부른다. 눈眼은 색을 보고, 내지 내정인 마음意은 법法을 외진으로 한다. 마음은 법을 알기 때문이다. [그러므로 육정은 존재한다.]

此中眼爲內情色爲外塵. 眼能見色乃至意爲內情. 法爲外塵. 意能知法.

[답변] [그런 것들은] 존재하지 않는다. 왜인가?

答曰. 無也. 何以故

그 눈은 자기 자신을 보지 못한다.

자신을 보지 못한다면, 어떻게 다른 사물을 보겠는가? 3-2)

是眼則不能 自見其己體

若不能自見 云何見餘物 3-2)

그 눈은 자기 자신을 볼 수 없다. 왜인가? 등불이 능히 자신을

---

eya), śrotra(귀, ear), ghrāṇa(코, nose), jihvā(혀, tongue), kāya(몸, body), manas(마음, mind)를 사용하지 않고, darśana(봄, seeing), śravaṇa(들음, hearing), ghrāṇa(냄새 맡음, smelling), rasana(맛봄, tasting), sparśana(만짐, touching), manas(알음, understanding)을 사용하였다. 그러므로 여기서 용수가 말하는 6근이란 실은 눈, 귀, 코 등의 지각 기관이 아니라, 봄, 들음, 냄새 맡음 등 6종류의 지각 작용을 의미하는 것을 알 수 있다.

비추고 타자도 비추듯이, 눈이 만약 그와 같이 봄의 [자]상을 [가진다면], 응당 자신도 보고 타자도 보아야 할 것이다. 그러나 사실은 그렇지 않다.[2] 그러므로 게송에서 설하기를 "만약 눈이 자신을 보지 못한다면, 어떻게 다른 사물을 보겠는가?"라고 한 것이다.

是眼不能見自體. 何以故. 如燈能自照亦能照他. 眼若是見相. 亦應自見 亦應見他. 而實不爾. 是故偈中說. 若眼不自見 何能見餘物.

[물음] 눈은 자기 자신을 보지 못하지만 다른 사물은 본다. [그것은] 불이 자신을 태우지는 못하지만 다른 사물을 태우는 것과 같다.

問曰. 眼雖不能自見. 而能見他. 如火能燒他不能自燒. 答曰.

[답변]

불의 비유는 눈과 견법見法을 성립시키지 못한다.

이에 대해서는 이거, 미거, 거시[에 대해서 설명할 때] 모두 설명하였다. 3-3)

火喩則不能 成於眼見法

去未去去時 已總答是事 3-3)

---

2) '자성'이란 인과 연을 기다리지 않고 성립되어 있는 것이다. 그러므로 눈이 '봄의 자상'을 가진다면 인연을 기다리지 않고 어떤 조건에서도 보아야 할 것이다.

그대는 불의 비유를 들지만, [그것은] 눈과 견법[의 존재]를 성립시킬 수 없다. 이에 대해서는 [제2장] 「관거래품」에서 이미 답변하였다. 즉 이거에도 감은 존재하지 않고, 미거에도 감은 존재하지 않으며, 거시에도 감이 존재하지 않는 것처럼, 이미 타버린 것에도, 아직 타지 않는 것에도, 지금 타고 있는 것에도 탐은 존재하지 않는다. 그와 마찬가지로 이미 본 것에도, 아직 보지 않은 것에도, 지금 보고 있는 것에도 모두 봄의 [자]상은 존재하지 않는다. 또한,

汝雖作火喩. 不能成眼見法. 是事去來品中已答. 如已去中無去. 未去中無去. 去時中無去. 如已燒未燒燒時俱無有燒. 如是已見未見見時俱無見相. 復次

봄이 아직 보지 않을 때에는 봄이라고 말할 수 없다.

그러나 "봄이 본다."라고 말한다. [그러나] 그런 말은 옳지 않다. 3-4)[3)]

見若未見時 則不名爲見

而言見能見 是事則不然 3-4)

---

3) 구마라집은 『중송』을 번역하면서 '눈(眼)과 봄(見)'을 혼용한다. 그가 눈과 봄을 혼용한 이유는 용수에게 '눈'이란 '봄'이기도 하고 '견법'見法 즉 '봄의 현상, 혹은 봄의 작용'이기도 하기 때문이다. 그것은 용수가 중송 제3-1송에서 6근을 언급할때 'cakṣu(눈), śrotra(귀), ghrāṇa(코), jihvā(혀), kāya(몸), manas(마음)'이라는 용어 대신에 'darśana(봄), śravaṇa(들음), ghrāṇa(냄새 맡음), rasana(맛봄), sparśana(만짐), manas(알음)'이라는 용어를 사용하는 것에서 알 수 있다.

눈이 색을 상대하지 않을 때에는 [색을] 볼 수 없다. 그때에는 본다고 말하지 않으며, 색을 상대함으로써 [눈이] 본다고 말한다. 그러므로 게송에서 "[눈이] 아직 보지 않을 때 봄은 존재하지 않는다. 어떻게 봄을 가지고 보겠는가?"라고 설한 것이다. 또한 두 가지 장소에 모두 견법은 존재하지 않는다. 왜인가?

眼未對色. 則不能見. 爾時不名爲見. 因對色名爲見. 是故偈中說. 未見時無見. 云何以見能見. 復次二處 俱無見法. 何以故

## 나. 보는 자의 존재 부정

봄은 보지 못한다. 봄이 아닌 것도 보지 못한다.
만약 봄이 논파되면, 보는 자도 논파된다. 3-5)
見不能有見 非見亦不見
若已破於見 則爲破見者 3-5)

봄은 보지 못한다. 앞에서 설한 것과 같은 오류가 있기 때문이다. 봄이 아닌 것도 보지 못한다. 봄의 [자]상이 없기 때문이다. 만약 봄의 [자]상이 없다면, 어떻게 볼 수 있겠는가? [이처럼] 견법見法이 존재하지 않기 때문에, 보는 자도 존재하지 않는다. 왜인가? 만약 봄을 떠나서 보는 자가 있다면, 응당 눈이 없는 사람도 다른 감각기관을 가지고 보아야 할 것이다.

見不能見. 先已說過故. 非見亦不見. 無見相故. 若無見相. 云

何能見. 見法無故見者亦無. 何以故. 若離見有見者. 無眼者. 亦應以餘情見.

만약 봄이 본다면, 봄 속에 봄의 [자]상이 있고, 보는 자에게는 봄의 [자]상이 없을 것이다. 그러므로 게송에서 "만약 봄이 논파되면, 결국 보는 자도 논파된다."라고 설한 것이다. 또한

若以見見. 則見中有見相. 見者無見相. 是故偈中說. 若已破於見 則爲破見者. 復次

봄을 떠나든 떠나지 않든, 보는 자는 불가득이다.
보는 자가 없다면, 어떻게 봄이나 보여지는 대상이 있겠는가? 3-6)

離見不離見 見者不可得
以無見者故 何有見可見 3-6)

봄이 존재한다고 해도 보는 자는 불성립이고, 봄이 존재하지 않는다고 해도 보는 자는 불성립이다. 보는 자가 존재하지 않는데, 어떻게 봄이나 보여지는 대상이 있겠는가? 만약 보는 자가 없다면, 누가 능히 견법을 사용하여 외부의 색色을 분별하겠는가? 그러므로 게송에서 "보는 자가 없는데, 어떻게 봄이나 보여지는 대상이 있겠는가?"라고 설한 것이다. 또한,

若有見見者則不成. 若無見見者亦不成. 見者無故. 云何有見可見. 若無見者. 誰能用見法 分別外色. 是故偈中說. 以無見

者故 何有見可見. 復次

봄과 보여지는 대상이 존재하지 않기 때문에, 식識 등의 네 가지 법도 존재하지 않는다.

[그렇다면] 어떻게 4취取 등의 여러 연緣이 존재할 수 있겠는가? 3-7)

見可見無故 識等四法無

四取等諸緣 云何當得有 3-7)

봄과 보여지는 대상이 존재하지 않기 때문에, 식識, 촉觸, 수受, 애愛 등의 네 가지 법도 모두 존재하지 않는다. 애 등이 존재하지 않기 때문에, 4취[4] 등 12인연의 지분들도 역시 존재하지 않는다. 또한,

見可見法無故. 識觸受愛四法皆無. 以無愛等故. 四取等十二因緣分亦無. 復次

## 다. 들음과 듣는 자 등의 존재 부정

이비설신의와 소리와 듣는 자 등,

그와 같은 [사물들의] 이치도 모두 앞에서 설한 것과 같다고 알아야 한다. 3-8)

耳鼻舌身意 聲及聞者等

4) 욕취, 견취, 계금취, 아어취의 네 가지를 말한다.

當知如是義 皆同於上說 3-8)

봄과 보여지는 대상이 공이고, 여러 연에 속하는 것이기 때문에 무결정인 것처럼, 나머지 이[근]耳根 등의 5정情과 성[경]聲境 등의 5진塵도 봄과 보여지는 대상과 같다고 알아야 한다. 그 의미는 동일하기 때문에 따로 설하지 않겠다.

如見可見法空. 屬衆緣故無決定. 餘耳等五情聲等五塵. 當知亦同見可見法. 義同故不別說

# 제4장

# 관오음품(觀五陰品)

# 제4장
# 관오음품(觀五陰品)

## 가. 색인色因 없는 색의 존재 부정

[물음] 경전에서는 오음五陰이 존재한다고 설한다. 이것은 어떻게 된 일인가?

問曰. 經說有五陰. 是事云何. 答曰.

[답변]

색의 원인을[1] 떠나면, 색은 불가득이다.

1) 여기서 '색의 원인'이란 지수화풍의 4대大를 의미하는 것으로 생각된다. 『中論』, 龍樹 著, 青目 釋, 鳩摩羅什 漢譯, 김성철, 경서원(1996), 89쪽 참조.

색을 떠나면, 색의 원인은 불가득이다. 4-1)

若離於色因 色則不可得

若當離於色 色因不可得 4-1)

색의 원인이란 옷감의 원인이 되는 실과 같은 것이다. 실을 제거하면 옷감이 없고, 옷감을 제거하면 실이 없다. 옷감은 색과 같고, 실은 원인과 같다.

色因者. 如布因縷. 除縷則無布. 除布則無縷. 布如色縷如因.

[물음] 만약 색의 원인을 떠나서 색이 있다면 어떤 오류가 있는가?

問曰. 若離色因有色. 有何過.

[답변]

答曰.

색의 원인을 떠나서 색이 존재한다면, 그 색은 원인 없는 것이 된다.

원인이 없는데도 사물이 존재한다는 것, 그것은 불합리하다. 4-2)

離色因有色 是色則無因

無因而有法 是事則不然 4-2)

실을 떠나서 옷감이 있다면, 옷감은 원인 없는 것이 된다. [그러나] 원인 없이 존재하는 법은 세간에 존재하지 않는다.

如離縷有布. 布則無因. 無因而有法. 世間所無有.

[물음] [그러나] 불법佛法과 외도법과 세간법 가운데에는 모두 원인 없는 법이 있다. 불법에는 세 종류의 무위가 있는데, 무위는 상주이기 때문에 원인이 없다.

問曰. 佛法外道法 世間法中 皆有無因法. 佛法有三無爲. 無爲常故無因.

외도법에는 허공, 시간, 방위, 신아神我, 미진微塵, 열반 등이 있다. 세간법에는 허공, 시간, 방위 등이 있다. 이 [허공 등의] 세 법은 존재하지 않는 곳이 없으므로 상주라고 말한다. 상주이기 때문에 원인이 없는 것이다. 그런데 그대는 어째서 세간에는 원인 없는 법이 없다고 하는가?

外道法中虛空時方神微塵涅槃等. 世間法虛空時方等. 是三法無處不有. 故名爲常. 常故無因. 汝何以說無因法世間所無.

[답변] 그런 원인 없는 법은 다만 언설로서만 있는 것이고, 사유하고 분별해 보면 모두 존재하지 않는다. 만약 어떤 법이 인연에 의해서 존재한다면, 응당 원인이 없다고 말하면 안 된다. 만약 인연이 없다면 내가 설한 것과 같이 [존재하지 않는다].

答曰. 此無因法 但有言說. 思惟分別則皆無. 若法從因緣有.

不應言無因. 若無因緣則如我說.

[물음] 원인에는 두 종류가 있다. 첫째는 작인作因이고, 둘째는 언설인言說因[2]이다. 그 원인 없는 법에는 작인은 없지만 언설인은 있다. 사람들로 하여금 알도록 하기 때문이다.

問曰. 有二種因. 一者作因. 二者言說因. 是無因法無作因. 但有言說因. 令人知故.

[답변] 비록 언설인을 가진다고 해도 그것은 불합리하다. 허공은 「육종품」六種品에서 논파할 것이고, 나머지도 응당 뒤에서 논파할 것이다. 또한 눈에 보이는 사물도 모두 논파할 수 있는데, 하물며 미진 등과 같은 눈에 보이지 않는 사물이야 어떻겠는가? 그러므로 세간에 원인 없는 법은 존재하지 않는다고 말하는 것이다.

答曰. 雖有言說因. 是事不然. 虛空如六種中破. 餘事後當破. 復次現事尙皆可破. 何況微塵等不可見法. 是故說無因法世間所無.

---

2) 언설인이란 어떤 사물에 대한 인식을 성립시키는 원인을 말한다. 언설인에는 두가지가 있다. 1) 총료인이란 그 사물의 명칭을 말하며, 2) 별료인이란 그 사물의 인식을 가능하게 하는 원인을 말한다. 예를 들면 허공의 별료인은 색의 비존재이고, 불의 별료인은 연기이다.

## 나. 색을 떠난 색인의 존재 부정

[물음] 만약 색을 떠나서 색의 원인이 있다면 무슨 오류가 있는가?

問曰. 若離色有色因. 有何過.

[답변]

答曰.

만약 색을 떠나서 [색의] 원인이 존재한다면, 그것은 곧 결과 없는 원인이 된다.

만약 결과 없는 원인을 말한다면, 그런 것은 존재하지 않는다. 4-3)

若離色有因 則是無果因

若言無果因 則無有是處 4-3)

만약 색이라는 결과가 없는데도 색의 원인이 있다면, 그것은 곧 결과없는 원인이 된다.

若除色果. 但有色因者. 卽是無果因.

[물음] 만약 결과 없는 원인이 있다면 어떤 오류가 있는가?

問曰. 若無果有因. 有何咎.

[답변] 결과가 없는데도 원인이 있다고 하는 것은 세간에는 존재하지 않는다. 왜인가? 결과가 있기 때문에 원인이라고 부르는 것이다. 만약 결과가 없다면 어떻게 원인이라고 부르겠는가?

答曰. 無果有因 世間所無. 何以故. 以果故名爲因. 若無果云何名因.

또한 만약 원인 속에 결과가 없다면, 어떻게 사물이 비원인에서 생한다고 하지 않겠는가? 그와 같은 주장에 대한 논파는 「인연품」에서 설한 것과 같다. 그러므로 결과가 없는 원인은 존재하지 않는다고 말하는 것이다. 또한

復次若因中無果者. 物何以不從非因生. 是事如破因緣品中說. 是故無有無果因. 復次

색이 미리 존재한다고 해도, 색의 원인은 필요하지 않을 것이다.

색이 [미리] 존재하지 않는다고 해도, 색의 원인은 필요하지 않을 것이다. 4-4)

若已有色者 則不用色因

若無有色者 亦不用色因 4-4)

그 두 가지 경우 모두 색의 원인은 불합리하다. 만약 원인 가운데 미리 색이 있다면, 색의 원인이라고 부르지 않을 것이다. 만약 원인 가운데 미리 색이 없다고 해도, 색의 원인이라고 부르지 않

을 것이다.

二處有色因. 是則不然. 若先因中有色. 不名爲色因. 若先因中無色. 亦不名爲色因.

## 다. 무원인인 색의 존재 부정

[물음] 만약 그 두 가지가 모두 불합리하다면, 다만 "무원인의 색이 있다."고 말하면 무슨 오류가 있겠는가?

問曰. 若二處俱不然. 但有無因色. 有何咎.

[답변]

答曰.

만약 원인도 없이 색이 있다면, 그런 주장은 불합리하다.

그러므로 지혜로운 사람은 응당 색을 분별하면 안될 것이다. 4-5)

無因而有色 是事終不然

是故有智者 不應分別色 4-5)

원인 속에 결과가 있다고 하거나, 원인 속에 결과가 없다고 하거나, 그런 주장이 성립하지 않는데, 하물며 무원인의 색이 존재한다는 주장이 어떻게 [성립]하겠는가? 그러므로 원인 없이 색이 존재한다는 주장도 합리적인 것이 아니다.

若因中有果 因中無果. 此事尙不可得 何況無因有色. 是故言無因而有色. 是事終不然.

그러므로 지혜로운 사람은 응당 색을 분별하지 말아야 할 것이다. 분별이란 범부가 무명과 갈애에 물들어 색을 탐착하고, 그런 후에 사견邪見을 가지고 분별을 일으켜서, 원인 속에 결과가 있다고 하거나 없다고 하는 등의 희론을 말하는 것이다. [그러나] 지금 그 [색의 원인] 속에서 색을 찾아 보아도 찾을 수가 없다. 그러므로 지혜로운 사람은 응당 색을 분별해서는 안 된다고 말하는 것이다. 또한

是故有智者. 不應分別色. 分別名凡夫. 以無明愛染貪著色. 然後以邪見 生分別戲論說 因中有果無果等. 今此中求色不可得. 是故智者不應分別. 復次

## 라. 색과 색인의 불일불이

결과가 원인과 같다고 하면, 그런 주장은 불합리하다.
결과가 원인과 다르다고 하면, 그런 주장도 불합리하다. 4-6)

若果似於因 是事則不然
果若不似因 是事亦不然 4-6)

만약 결과와 원인이 동일하다면, 그런 주장은 불합리하다. 원인

은 미세하고 결과는 거칠기 때문이다. [또한] 원인과 결과는 모습과 작용 등이 서로 다르다. 옷감과 실이 동일하다면, 옷감이라고 부르지 않을 것이다. 실은 많고 옷감은 하나이기 때문이다. 그러므로 원인과 결과가 동일하다고 말하지 못한다.

若果與因相似. 是事不然. 因細果麤故. 因果色力等各異. 如布似縷則不名布. 縷多布一故. 不得言因果相似.

만약 원인과 결과가 다르다면, 그런 [주장]도 불합리하다. 삼베실로 비단을 만들지 못하는 것과 같다. 거친 실에서 미세한 옷감이 나오는 것은 아니다. 그러므로 원인과 결과가 다르다고 말하지 못하는 것이다. 그 두 가지가 모두 불합리하기 때문에, 색도 존재하지 않고, 색의 원인도 존재하지 않는다.

若因果不相似. 是亦不然. 如麻縷不成絹. 麤縷無出細布. 是故不得言 因果不相似. 二義不然. 故無色無色因

수음受陰과 상음想陰 행음行陰과 식음識陰 등,
그 밖의 일체법은 모두 색음色陰과 같다. 4-7)
受陰及想陰 行陰識陰等
其餘一切法 皆同於色陰 4-7)

나머지 네 가지 음陰과 일체법은 응당 이와 같이 사유해서 논파해야 할 것이다. 또한 지금 이 논서를 지으신 분은 공의 이치를 찬미하기 위해서 다음의 게송을 설한다.

四陰及一切法. 亦應如是思惟破. 又今造論者. 欲讚美空義故. 而說偈

## 마. 자성 공의 중요성

만약 어떤 사람이 [무엇인가를] 물을 때, 공을 떠나서 답변하려고 하면,

그 답변은 성립하지 않으며, [결국] 그 의문과 똑같이 된다. 4-8)

若人有問者 離空而欲答

是則不成答 俱同於彼疑 4-8)

만약 어떤 사람이 난문할 때, 공을 떠나서 [상대의] 허물을 설하려고 하면,

그 난문은 성립하지 않게 되고, [결국 자신의] 의문과 똑같이 된다. 4-9)

若人有難問 離空說其過

是不成難問 俱同於彼疑 4-9)

만약 어떤 사람들이 논의할 때, 각각 집착하는 바가 있어서, 공의 이치를 떠나서 묻고 답한다면, 모두 문답을 이루지 못하고, [처음의] 그 의문과 똑같이 된다.

若人論議時. 各有所執. 離於空義 而有問答者. 皆不成問答.

俱亦同疑.

어떤 사람이 "항아리는 무상하다."라고 말할 때, 상대방이 "어째서 무상인가?"라고 물을 것이다. 그때 "무상한 원인을 따라 생했기 때문이다."라고 답한다면, 그것은 답변이 되지 못하는 것과 같다. 왜인가? 인연에 대해서도 역시 의문이 있으니, [그것이] 상주인지 무상인지 알지 못하기 때문이다. 이것을 저 [처음의] 의문과 같다고 하는 것이다.

如人言甁是無常. 問者言. 何以故無常. 答言. 從無常因生故. 此不名答. 何以故. 因緣中亦疑 不知爲常爲無常. 是爲同彼所疑.

만약 묻는 자가 그 허물을 말하고자 하지만, 공에 의지하지 않고 여러 법은 무상이라고 한다면, 그것은 허물을 묻는 것이라고 말할 수 없다. 왜인가?

問者若欲說其過. 不依於空 而說諸法無常. 則不名問難. 何以故.

[대론자도 다음과 같이 말할 것이기 때문이다.] "그대는 무상에 근거해서 나의 상주론을 논파하였다. [그렇다면] 나도 상주론에 근거해서 그대의 무상론을 논파하겠다. '만약 진실로 무상이라면 업보도 존재하지 않고, 눈과 귀 등의 여러 법도 순간 순간 소멸하여 분별할 수 없을 것이다.' [그러므로 무상은 성립하지 않는다]." 이

와 같은 오류가 있기 때문에 허물을 묻는 것이 되지 못하고, 처음의 의문과 같아지는 것이다.

汝因無常破我常. 我亦因常破汝無常. 若實無常則無業報. 眼耳等諸法念念滅. 亦無有分別. 有如是等過. 皆不成問難. 同彼所疑.

그러나 만약 공에 의지해서 상주론을 논파한다면 오류가 없을 것이다. 왜인가? 그 [공에 의지하는] 사람은 공상空相에 집착하지 않기 때문이다. 그러므로 만약 문답하고자 한다면 항상 공의 이치에 의지해야 하는 것이다. [그런데] 하물며 고통을 떠나서 적멸상寂滅相을 얻고자 하는 사람에 있어서야 어떻겠는가?

若依空破常者. 則無有過. 何以故. 此人不取空相故. 是故若欲問答. 尙應依於空法. 何況欲求離苦寂滅相者

제5장

# 관육종품(觀六種品)

# 제5장
# 관육종품(觀六種品)

## 가. 상법相法과 가상법可相法의 상호의존

[물음] 육종六種은[1] 모두 결정적인 상相을 가진다. 결정적인 상을 가지기 때문에 육종은 존재한다.

問曰. 六種各有定相. 有定相故則有六種.

[답변] [그렇지 않다.]

答曰.

[허]공의 상이 아직 존재하지 않을 때에는 허공이라는 법도 없

1) 여기서 말하는 6종이란 지수화풍공식의 여섯 가지 요소를 말한다.

다.

만약 [상도 없이] 허공이 먼저 존재한다면, 그 [허공]은 상이 없는 것이 될 것이다. 5-1)

空相未有時 則無虛空法

若先有虛空 卽爲是無相 5-1)

만약 허공의 상이 아직 존재하지 않는데, 허공이라는 법이 먼저 존재한다고 말하면, 허공은 상이 없는 것이 될 것이다. 왜인가. 색이 없는 것을 허공의 상相이라고 부르는데, 색은 지어진 법이고 무상無常하다. 만약 색이 생하지 않았다면, 아직 생하지 않았기 때문에 무멸無滅일 것이다. [그러므로] 그때는 허공의 상도 존재하지 않을 것이다. 색을 원인으로 해서 색이 없는 장소가 있고, 색이 없는 장소를 허공이라고 부르기 [때문]이다.

若未有虛空相. 先有虛空法者. 虛空則無相. 何以故. 無色處名虛空相. 色是作法無常. 若色未生. 未生則無滅. 爾時無虛空相. 因色故有無色處. 無色處名虛空相.

[물음] 만약 상이 없어도 허공이 존재한다면 어떤 오류가 있는가?

問曰. 若無相有虛空. 有何咎.

[답변]

答曰.

그와 같이 상이 없는 법은 어디에도 존재하지 않는다.
상이 없는 법에서 상은 상이 아닌 것이 될 것이다. 5-2)
是無相之法 一切處無有
於無相法中 相則無所相 5-2)

상주常住인 법과 무상無常인 법 가운데 상이 없는 법을 찾아도 찾을 수가 없다. 논자가 "'이것은 유有이고, 이것은 무無인 것을 어떻게 아는가?'라고 하면 각각 [유와 무]의 상을 가지기 [때문에 안다]."라고 말하는 것과 같다.

若於常無常法中. 求無相法不可得. 如論者言. 是有是無云何知各有相.

그러므로 생주멸은 유위상이고, 생주멸이 없는 것은 무위상이다. 만약 허공에 상이 없다면 허공은 존재하지 않을 것이다. 만약 이전에는 상이 없었는데, 나중에 상이 와서 상을 이룬다고 하면 그것도 불합리하다. 만약 상이 존재하지 않는다면 상을 가지는 법도 존재하지 않기 때문이다. 왜인가?

故生住滅是有爲相. 無生住滅是無爲相. 虛空若無相. 則無虛空. 若謂先無相後相來相者. 是亦不然. 若先無相. 則無法可相. 何以故

상은 상이 있는 [법]과 상이 없는 [법] 속에 머물지 않는다.
[상은] 상이 있는 [법]과 상이 없는 [법]을 떠나서 다른 곳에 머물

지도 않는다. 5-3)

有相無相中 相則無所住

離有相無相 餘處亦不住 5-3)

[등에] 봉우리가 있고, 뿔이 있으며, 꼬리 끝에 털이 있고, 목 밑에 아래로 드리워진 물단지 [모양의 주름이] 있는 것, 이것을 소의 상相이라고 한다. 만약 이 [소의] 상을 떠나면 소는 존재하지 않는다. 만약 소가 없으면 그 여러 상들이 머물 곳도 없다.

如有峰有角尾端有毛頸下垂壺. 是名牛相. 若離是相則無牛. 若無牛是諸相無所住.

그러므로 상이 없는 법에 상은 머물지 않는다고 설한 것이다. 상이 있는 [법]에도 상은 머물지 않는다. 상이 먼저 있기 때문이다. 마치 물의 상 가운데 불의 상이 머물지 못하는 것과 같다. [물의] 자상이 먼저 있기 때문이다. 또한 상이 없는 법 가운데 상이 머문다면 [그 상은] 원인 없는 것이 된다. 원인이 없는 것을 무無인 법이라고 부른다.

是故說於無相法中相則無所相. 有相中相亦不住. 先有相故. 如水相中火相不住. 先有自相故. 復次若無相中相住者. 則爲無因. 無因名爲無法.

그러나 상이 있는 [법]에서 상과 가상可相은 항상 서로 의존하기 때문에, 상이 있는 [법]과 상이 없는 법을 떠나서, 가상이 [존재할] 제3의 장소는 없다. 그러므로 게송에서 "[상은] 상이 있는 [법]과 상이 없는 [법]을 떠나서 다른 곳에 머물지도 않는다."라고 설한 것이다. 또한

而有相相可相. 常相因待故. 離有相無相法. 更無第三處可相. 是故偈中說離有相無相餘處亦不住. 復次

## 나. 상법과 가상법의 존재 부정

상법이 존재하지 않기 때문에, 가상법도 존재하지 않는다.
가상법이 존재하지 않기 때문에, 상법도 존재하지 않는다. 5-4)

相法無有故 可相法亦無
可相法無故 相法亦復無 5-4)

상[법]이 머물 곳이 없으므로 가상법可相法도 존재하지 않는다. 가상법이 없으므로 상법도 없다. 왜인가? 상相을 원인으로 해서 가상可相이 있고, 가상을 원인으로 해서 상이 있는 것이어서, [그 둘은] 서로 의존하기 때문이다.

相無所住故. 則無可相法. 可相法無故. 相法亦無. 何以故. 因相有可相. 因可相有相. 共相因待故

그러므로 이제 상도 존재하지 않고, 가상도 존재하지 않는다.
상과 가상을 떠나면, 어떤 사물도 존재하지 않는다. 5-5)

是故今無相 亦無有可相
離相可相已 更亦無有物 5-5)

[이처럼] 인연 중에서 처음부터 끝까지 추리하고 구해보아도, 결정적인 상과 가상은 불가득이다. 이 두 가지가 불가득이므로 일체법은 모두 존재하지 않는다.

於因緣中. 本末推求. 相可相決定不可得. 是二不可得故. 一切法皆無.

일체법은 모두 상과 가상의 두 가지 법 가운데 포함된다. [그런데] 어떤 때는 상相이 가상可相이 되고, [왜냐하면] 어떤 때는 상相이 가상可相이 되고, 어떤 때는 가상이 상이 되기 [때문이다]. [그것은] 불이 연기를 상으로 하고, 연기가 다시 불을 상으로 하는 것과 같다.

一切法皆攝在相可相二法中. 或相爲可相. 或可相爲相. 如火以煙爲相. 煙亦復以火爲相.

## 다. 유와 무의 존재 부정

[물음] 만약 유가 존재하지 않는다면, 응당 무는 존재해야 할 것이다.

問曰. 若無有有. 應當有無.

[답변]

答曰.

유가 존재하지 않으면, 어떻게 무가 존재하겠는가?

유와 무가 이미 존재하지 않으니, 유와 무를 아는 자는 누구인가? 5-6)

若使無有有 云何當有無

有無既已無 知有無者誰 5-6)

어떤 사물이 스스로 무너지게 되거나, 타자에 의해 무너지게 되면, [그것을] 무無라고 부른다. [이처럼] 무는 스스로 존재하는 것이 아니고, 유에 의존해서 존재하는 것이다. 그러므로 [게송에서] "유가 존재하지 않으면, 어떻게 무가 존재하겠는가?"라고 말한 것이다. [이처럼] 눈으로 보는 것과 귀로 듣는 것도 불가득인데, 어떻게 무인 사물이 [존재하겠는가]?

凡物若自壞. 若爲他壞. 名爲無. 無不自有. 從有而有. 是故言

若使無有有 云何當有無. 眼見耳聞 尙不可得. 何況無物.

[물음] 유가 존재하지 않기 때문에, 무도 존재하지 않는다고 말해도, 응당 유와 무를 아는 자는 존재할 것이다.

問曰. 以無有有故無亦無. 應當有知有無者.

[답변] 만약 [유와 무를] 아는 자가 존재한다면, 응당 유 가운데

존재하거나 무 가운데 존재할 것이다. [그런데 유와 무가 존재하지 않으므로, 유와 무를 아는 자도 존재하지 않는다. 그러므로] 유와 무가 논파되면 [유와 무를] 아는 자도 논파된다.

答曰. 若有知者. 應在有中應在無中. 有無旣破. 知者亦同破

## 라. 육종六種의 비유비무

그러므로 허공은 유도 아니고 무도 아니며,

상도 아니고 가상도 아니라고 알아야 한다. 나머지 다섯도 허공과 마찬가지이다. 5-7)

是故知虛空 非有亦非無

非相非可相 餘五同虛空 5-7)

허공에서 여러 가지로 상을 찾아도 불가득인 것처럼 나머지 다섯 가지도 그와 같다.

如虛空種種求相不可得. 餘五種亦如是.

[물음] 허공은 처음에 있는 것도 아니고, 끝에 있는 것도 아닌데, 무슨 이유로 먼저 논파한 것인가?

問曰. 虛空不在初不在後. 何以先破.

[답변] 지수화풍은 여러 연이 화합한 것이기 때문에 논파가 쉽다. [또한] 식도 고락苦樂을 원인으로 가지는 것이므로, 무상하고

변화하는 것을 알 수 있으므로 논파가 쉽다.

答曰. 地水火風 衆緣和合故易破. 識以苦樂因故 知無常變異故易破.

그러나 허공에는 그와 같은 상이 존재하지 않으며, 다만 범부들의 바람 때문에 존재하게 된 것이다. 그러므로 먼저 논파한 것이다. 또한 허공은 사대를 능지하며, [지수화풍의] 사대를 인연으로 식이 존재하게 된다. 그러므로 그 근본인 [허공]을 먼저 논파한 것이다. [그러면] 나머지는 스스로 논파된다.

虛空無如是相. 但凡夫悕望爲有. 是故先破. 復次虛空能持四大. 四大因緣有識. 是故先破根本. 餘者自破.

## 마. 유견有見과 무견無見의 소멸

[물음] 세간의 사람들은 모두 여러 법을 보고서 유나 무라고 생각한다. 그런데 어째서 그대만이 홀로 [눈에] 보이는 것도 무라고 말하면서 세간과 서로 다른 것인가?

問曰. 世間人 盡見諸法 是有是無. 汝何以獨 與世間相違. 言無所見.

[답변]

答曰.

지혜가 얕은 사람은 여러 법에서 유상有相과 무상無相을 본다.

그러므로 [그들은] 모든 견해가 소멸한 안은한 진리를 보지 못하는 것이다. 5-8)

淺智見諸法 若有若無相

是則不能見 滅見安隱法 5-8)

깨달음을 얻지 못한 자는 제법실상을 보지 못하니, 애견을 인연으로 하여 여러 희론을 주장하게 된다. 법이 생하는 것을 보고는 그것을 유有라고 말하거나, 상相을 취해서 유라고 말한다. 법이 멸하는 것을 보고는 그것을 단斷이라고 말하거나, 그 상을 취해서 무無라고 말한다.

若人未得道. 不見諸法實相. 愛見因緣故種種戲論. 見法生時謂之爲有. 取相言有. 見法滅時謂之爲斷. 取相言無.

[그러나] 지혜로운 자는 여러 법이 생하는 것을 보고는 무견無見을 없애고, 여러 법이 멸하는 것을 보고는 유견有見을 없앤다. 그리하여 [그는] 일체법이 눈에 보여도 모두 환영과 같고 꿈과 같다[고 생각한다]. 또한 [그 지혜로운 자는] 무루도의 견해도 소멸하였는데, 하물며 다른 견해는 어떻겠는가? 그러므로 견해가 소멸한 안은한 진리를 보지 못한 자만이 유를 보고 무를 보는 것이다.

智者見諸法生卽滅無見. 見諸法滅卽滅有見. 是故於 切法雖有所見. 皆如幻如夢. 乃至無漏道見尙滅. 何況餘見. 是故若不見滅見安隱法者. 則見有見無

제6장

# 관염염자품(觀染染者品)

# 제6장
# 관염염자품(觀染染者品)

## 가. 결정유 및 비결정유인 염법染法과 염자의 존재 부정

[물음] 경전에서는 탐욕과 진에와 우치, 이것이 세간의 근본이라고 설한다. 탐욕에는 여러 가지 이름이 있다. 첫째 애愛, 둘째 착著, 셋째 염染, 넷째 음욕淫慾, 다섯째 탐욕貪慾이다. 이와 같은 여러 가지 이름이 있다.

問曰. 經說貪欲瞋恚愚癡. 是世間根本. 貪欲有種種名. 初名愛次名著 次名染次名婬欲. 次名貪欲. 有如是等名字

이와 같은 결사結使는 중생에게 의지한다. [그럴 경우] 중생은 염자染者라고 부르고, 탐욕은 염법染法이라고 부른다. [이와 같이] 염법과 염자가 있으므로 탐욕이 존재하는 것이다. 나머지 둘도 그와 같다. 진에가 있으므로 진자瞋者가 있고, 우치가 있으므로 치자癡者가 있다. 이 삼독三毒을 인연으로 삼업三業이 일어나고, 삼업을 인연으로 삼계三界가 일어난다. 그러므로 일체법이 존재하는 것이다.

此是結使. 依止衆生 衆生名染者. 貪欲名染法. 有染法染者故. 則有貪欲. 餘二亦如是. 有瞋則有瞋者. 有癡則有癡者. 以此三毒因緣起三業. 三業因緣起三界. 是故有一切法.

[답변] 경전에서는 삼독의 이름을 설하지만, 그 실체를 찾아보면 불가득이다. 왜인가?

答曰. 經雖說有三毒名字. 求實不可得. 何以故.

만약 염법을 떠나서 염자가 미리 스스로 존재한다면,
그 염욕자를 원인으로 해서 응당 염법이 생할 것이다. 6-1)
若離於染法 先自有染者
因是染欲者 應生於染法 6-1)

[그러나] 만약 염자가 없다면 어떻게 염[법]이 있겠는가?
염[법]이 있다고 하거나 없다고 하거나, 염자도 또한 그와 같다. 6-2)
若無有染者 云何當有染

若有若無染 染者亦如是 (6-2)

만약 염자가 미리 결정적으로 존재한다면 다시 물들지 않을 것이다. [그] 염자는 이미 물들어 있기 때문이다. 만약 염자가 미리 결정적으로 존재하지 않는다고 해도, 역시 염[법]은 일어나지 않을 것이다. [왜냐하면] 요컨대 염자가 미리 존재한 후에 염[법]이 일어나는 것이기 때문이다. 만약 염자가 미리 존재하지 않는다면, 염[법] 때문에 물드는 자도 존재하지 않을 것이다.

若先定有染者. 則不更須染. 染者先已染故. 若先定無染者. 亦復不應起染. 要當先有染者 然後起染. 若先無染者. 則無受染者.

염법도 그와 같다. 만약 사람을 떠나서 미리 염법이 결정적으로 존재한다면, 그것은 곧 원인이 없는 것이니, 어떻게 [원인도 없이 염법이] 일어날 수 있겠는가? 그것은 장작이 없는 불과 같다. [그러나] 염법이 미리 결정적으로 존재하지 않는다고 해도 염자는 존재하지 않는다. 그러므로 게송에서 "염[법]이 있다고 하거나 없다고 하거나, 염자도 또한 그와 같다."라고 설한 것이다.

染法亦如是. 若先離人 定有染法. 此則無因. 云何得起 似如無薪火. 若先定無染法. 則無有染者. 是故偈中說 若有若無染. 染者亦如是.

## 나. 염법과 염자의 동시생 부정

[물음] 염법과 염자가 이전과 이후로 서로 의존해서 생하는 것이 불가능하다면, 동시에 생한다고 하면 무슨 오류가 있겠는가?

問曰. 若染法染者 先後相待生. 是事不可得者. 若一時生有何咎.

[답변]

答曰.

염자와 염법이 동시에 성립한다는 것도 불합리하다.

염자와 염법이 동시라면 서로 의존하지 못하기 때문이다. 6-3)

染者及染法 俱成則不然

染者染法俱 則無有相待 6-3)

만약 염법과 염자가 동시에 성립한다면 서로 의존하지 못한다. [만약] 염자를 원인으로 하지 않고도 염법이 있고, 염법을 원인으로 하지 않고도 염자가 있다면, 그 둘은 응당 상주가 될 것이다. 원인도 없이 이미 성립해 있기 때문이다. [그러나 그들이] 상주라면 많은 오류가 있다. [왜냐하면] 해탈법이 존재하지 않게 되기 [때문이다]. [그것만이 아니다.] 이제 동일성과 상이성을 가지고 염법과 염자를 논파하겠다. 왜인가?

若染法染者一時成. 則不相待. 不因染者有染法. 不因染法有染者. 是二應常. 已無因成故. 若常則多過. 無有解脫法. 復次今當以一異法. 破染法染者. 何以故

## 다. 동일한 염법과 염자의 결합 부정

염자와 염법이 동일하다면, 동일한 사물이 어떻게 결합하겠는가?

염자와 염법이 상이하다면, 상이한 사물이 어떻게 결합하겠는가? 6-4)

染者染法一 一法云何合

染者染法異 異法云何合 6-4)

염법과 염자는 동일한 사물이면서 결합하는가, 상이한 사물이면서 결합하는가? 만약 동일한 사물이라면 결합은 없을 것이다. 왜인가? 동일한 사물이 어떻게 자신과 결합하겠는가? 손가락 끝이 자기 자신을 만지지 못하는 것과 같다.

染法染者. 若以一法合. 若以異法合. 若一則無合. 何以故. 一法云何自合. 如指端不能自觸.

[반대로] 상이한 사물이면서 결합하는 것도 불가능하다. 왜인가? [그 둘은 이미] 다른 것으로 성립해 있기 때문이다. 만약 각각 [다

른 것으로] 성립해 있다면 반드시 다시 결합하지 못할 것이다. [혹은] 비록 결합하더라도 여전히 다를 것이다. 또한 동일하다고 하거나, 상이하다고 하는 것은 모두 불가능하다. 왜인가?

若以異法合. 是亦不可. 何以故. 以異成故. 若各成竟不須復合. 雖合猶異. 復次一異俱不可. 何以故

동일한 [사물]이 결합한다고 해도, 짝을 떠나서 결합이 있는 것이 되고,
상이한 [사물]이 결합한다고 해도, 짝을 떠나서 결합이 있는 것이 된다. 6-5)

若一有合者 離伴應有合
若異有合者 離伴亦應合 6-5)

만약 동일한 염[법]과 염자가 결합한다고 억지로 말한다면, 응당 다른 인연을 떠나서 염[법]과 염자가 있는 것이 될 것이다. 또한 [그 둘이] 동일하다면 응당 염[법]과 염자라는 두 가지 이름이 없어야 할 것이다. [그리고] 염은 법이고 염자는 사람인데, 사람과 법이 동일하다고 하면 그것은 큰 혼란이 된다.

若染染者一. 强名爲合者. 應離餘因緣 而有染染者. 復次若一. 亦不應有 染染者二名. 染是法染者是人. 若人法爲一. 是則大亂.

만약 상이한 염[법]과 염자가 결합한다고 말한다면, 다른 인연을

기다리지 않고도 결합이 있는 것이 될 것이다. [또한] 만약 다른데도 결합한다면, 응당 멀리 [떨어져] 있는 것도 결합해야 할 것이다.

若染染者各異. 而言合者. 則不須餘因緣而有合. 若異而合者. 雖遠亦應合.

## 라. 상이한 염법과 염자의 결합 부정

[물음] 동일한 것이 결합하지 못한다는 것은 인정하겠다. 그러나 상이한 사물이 결합하는 것은 눈으로 보지 않는가?

問曰. 一不合可爾. 眼見異法共合.

[답변]

答曰.

만약 상이한데도 결합이 있다고 하면, 염[법]과 염자는 무엇인가?

그 둘의 상은 이미 상이한데, 그런 후에 결합의 상을 설하기 때문이다. 6-6)

若異而有合 染染者何事

是二相先異 然後說合相 6-6)

만약 염[법]과 염자가 이미 결정적으로 상이한 상을 가지고 있으면서, 나중에 결합한다고 하면 결합은 없을 것이다. 왜인가? 그

둘의 상은 이미 상이한데 나중에 결합한다고 강설하기 때문이다. 또한

若染染者. 先有決定異相. 而後合者 是則不合 何以故. 是二相先已異. 而後强說合. 復次

만약 염[법]과 염자가 이미 각각 상이한 상을 이루고 있다면,

이미 상이한 상을 이루고 있는데, 어떻게 결합을 말할 수 있겠는가? 6-7)

若染及染者 先各成異相

旣已成異相 云何而言合 6-7)

만약 염과 염자가 이미 각각 별도의 상을 이루고 있다면, 그대는 어떻게 지금 결합의 상을 강설할 수 있는가? 또한

若染染者 先各成別相. 汝今何以强說合相. 復次

상이한 상이 성립하지 않기 때문에, 그대는 결합을 말하려고 하지만,

결합의 상도 끝내 성립하지 않는다. 그러자 [이제 그대는] 다시 상이한 상이라고 말한다. 6-8)

異相無有成 是故汝欲合

合相竟無成 而復說異相 6-8)

그대는 염[법]과 염자의 상이한 상이 성립하지 않아서 다시 결

합의 상을 말하지만, 결합의 상에는 염[법]과 염자가 성립하지 않는다는 오류가 있다. [그러자] 그대는 결합의 상을 성립시키기 위하여 다시 상이한 상이라고 말한다. 그대는 스스로 결정[상]이라고 말하면서도, 다시 불결정[상]을 설하는 것이다. 왜인가?

汝已染染者異相不成故. 復說合相. 合相中有過. 染染者不成. 汝爲成合相故. 復說異相. 汝自已爲定. 而所說不定. 何以故.

상이한 상이 성립하지 않기 때문에, 결합의 상은 성립하지 않는다.

어떤 상이한 상 중에서 결합의 상을 설하려고 하는가? 6-9)

異相不成故 合相則不成

於何異相中 而欲說合相 6-9)

이와 같이 염[법]과 염자가 상이한 상이라는 것이 성립하지 않으니 결합의 상도 역시 성립하지 않는다. [도데체] 그대는 어떤 상이한 상 중에서 결합의 상을 설하고자 하는가? 또한

以此中染染者 異相不成故. 合相亦不成. 汝於何異相中 而欲說合相. 復次

## 마. 염법과 염자의 인연생

이처럼 염[법]과 염자의 결합과 불결합은 [모두] 성립하지 않는다.

여러 법도 이와 같아서 [그것의] 결합과 불결합은 [모두] 성립하지 않는다. 6-10)

如是染染者 非合不合成

諸法亦如是 非合不合成 6-10)

염[법]과 마찬가지로 진에와 우치도 역시 마찬가지이다. 삼독과 마찬가지로 일체의 번뇌와 일체법도 역시 마찬가지이다. [일체법은] 이전도 아니고, 이후도 아니고, 결합한 것도 아니고, 흩어진 것도 아니고, 한결같이 인연에 의해서 성립하는 것이다.

如染恚癡亦如是. 如三毒一切煩惱 一切法亦如是. 非先非後 非合非散. 等因緣所成

제7장

# 관삼상품(觀三相品)

# 제7장
# 관삼상품(觀三相品)

## 가. 유위와 무위의 모순

[물음] 경전에서는 "유위법은 생주멸이라는 삼상을 가지며, 만물은 생법에 의해서 생하고, 주법에 의해서 머물고, 멸법에 의해서 멸한다."라고 설한다. 그러므로 여러 법은 존재한다.

問曰. 經說有爲法 有三相生住滅. 萬物以生法生. 以住法住. 以滅法滅. 是故有諸法.

[답변] 그렇지 않다. 왜인가? 삼상은 결정되어 있지 않기 때문이다. 그 삼상이 유위로써 유위상을 짓는다고 하거나, 무위로써 유위상을 짓는다고 하거나, 그 두 가지는 모두 불합리하다. 왜인가?

答曰. 不爾. 何以故. 三相無決定故. 是三相 爲是有爲 能作有爲相. 爲是無爲 能作有爲相. 二俱不然. 何以故

만약 생이 유위라면 응당 삼상三相을 가질 것이다.
만약 생이 무위라면 어떻게 유위상이라고 부르겠는가? 7-1)
若生是有爲 則應有三相
若生是無爲 何名有爲相 7-1)

만약 생이 유위라면 응당 생주멸의 삼상을 가질 것이다. 그러나 그것은 불합리하다. 왜인가? [삼상은] 서로 상위相違하기 때문이다. [삼상이] 상위라고 하는 것은 다음과 같다. 생상은 법을 생하게 하고, 주상은 법을 주하게 하고, 멸상은 법을 멸하게 할 것이다.

若生是有爲. 應有三相 生住滅. 是事不然. 何以故. 共相違故. 相違者. 生相應生法. 住相應住法. 滅相應滅法.

[그렇다면 그 법은 생할 수 없을 것이다. 그러므로] 법이 생할 때 주와 멸이라는 상위한 법이 [함께] 존재해서는 안 된다. [그러므로 삼상이] 일시인 것은 불합리하다. [그것은] 밝음과 어둠이 함께 존재할 수 없는 것과 같다. 그러므로 생[상]은 유위법이어서는 안 된다. 주상과 멸상도 그와 같다.

若法生時. 不應有住滅相違法. 一時則不然. 如明闇不俱. 以是故生不應是有爲法. 住滅相亦應如是.

[물음] 생이 유위가 아니라 무위라면 어떤 오류가 있는가?

問曰. 若生非有爲. 若是無爲有何咎.

[답변] 만약 생이 무위라면 어떻게 유위법을 위하여 상을 짓겠는가? 왜인가? 무위법은 자성이 없기 때문이다. 유위의 소멸을 원인으로 해서 무위라고 부른다. 그러므로 불생불멸을 무위상이라고 부르는 것이다. 또한 [그것은] 무자상이고, 무無인 법이기 때문에, [유위]법을 위하여 상을 지을 수가 없다. 마치 토끼뿔, 거북이털 등이 [유위]법을 위하여 상을 지을 수가 없는 것과 같다. 그러므로 생은 무위가 아니다. 주와 멸도 그와 같다. 또한

答曰. 若生是無爲. 云何能爲有爲法作相. 何以故. 無爲法無性故. 因滅有爲名無爲. 是故說不生不滅名無爲相. 更無自相. 是故無法. 不能爲法作相. 如免角龜毛等不能爲法作相. 是故生非無爲. 住滅亦如是. 復次

## 나. 화합과 분리의 모순

삼상은 모여서 있건 흩어져 있건 소상所相을 가질 수 없다. 어떻게 동일한 장소와 동일한 시간에 삼상이 존재할 수 있겠는가? 7-2)

三相若聚散 不能有所相

云何於一處 一時有三相 7-2)

그 생주멸의 상이 각각 [별개로] 유위법을 위해 상이 된다고 하거나, 혹은 화합해서 유위법의 상을 이룬다고 하거나, 그 두 가지는 모두 불합리하다. 왜인가?

만약 [삼상이] 각각이라면, 한 장소에 유有의 상이 존재하거나, 무無의 상이 존재할 것이다. [왜냐하면] 생시에는 주와 멸이 존재하지 않고, 주시에는 생과 멸이 존재하지 않고, 멸시에는 생과 주가 존재하지 않기 때문이다. 만약 화합이라면 [그것들은] 서로 상위한 법이니, 어떻게 일시에 함께 있겠는가?

是生住滅相. 若一一能爲 有爲法作相. 若和合能與 有爲法作相. 二俱不然. 何以故. 若謂一一者. 於一處中或有有相. 或有無相. 生時無住滅. 住時無生滅. 滅時無生住. 若和合者. 共相違法. 云何一時俱.

## 다. 무한 소급의 모순

[또한] 만약 삼상이 다시 삼상을 가진다면 그것도 역시 불합리하다. 왜인가?

若謂三相更有三相者. 是亦不然. 何以故

생주멸이 다시 유위상을 가진다면, 그것은 무궁이 될 것이다.
[생주멸이 다시 유위상을] 가지지 않는다면, [그것은] 유위가 아닐 것이다. 7-3)

若謂生住滅 更有有爲相

是卽爲無窮 無卽非有爲 7-3)

만약 생주멸이 다시 유위상을 가진다면 [그] 생에는 다시 생이 있고, 주가 있고, 멸이 있을 것이다. [또한] 그와 같은 삼상은 응당 다시 [유위]상을 가져야 할 것이다. 만약 그렇다면 [유위상은] 무궁無窮이 될 것이다. [그러나] 만약 다시 상을 가지지 않는다면, 그 삼상은 유위법이라고 부르지 못할 것이고, 유위법을 위하여 상을 짓지도 못할 것이다.

若謂生住滅 更有有爲相. 生更有生 有住有滅. 如是三相 復應更有相. 若爾則無窮. 若更無相. 是三相則 不名有爲法. 亦不能爲 有爲法作相.

## 라. 생법의 존재 부정

### 1) 순환생의 모순

[물음] 그대는 삼상三相이 무궁이 된다고 설하지만 그것은 그렇지 않다. 즉 생주멸은 비록 유위有爲이지만 무궁은 아니다. 왜인가?

問曰. 汝說三相爲無窮. 是事不然. 生住滅雖是有爲. 而非無窮. 何以故

생생이라는 생은 저 본생에서 생하는 것이고,
본생이라는 생은 다시 생생에서 생하는 것이다. 7-4)

生生之所生 生於彼本生

本生之所生 還生於生生 7-4)

법이 생할 때에는 자체를 포함하여 모두 7법이 함께 생한다. 첫째는 법, 둘째는 생, 셋째는 주, 넷째는 멸, 다섯째는 생생, 여섯째는 주주, 일곱째는 멸멸이다. 이 7법 가운데 본생은 자신을 제외한 6법을 생하게 한다. [그런 후에 생생이 본생을 생하게 한다. 이처럼] 생생은 본생을 생하게 하고, 본생은 생생을 생하게 한다. 그러므로 삼상은 비록 유위이지만 무궁이 아니다.

法生時通自體 七法共生. 一法二生 三住四滅 五生生 六住住 七滅滅. 是七法中. 本生除自體. 能生六法. 生生能生本生. 本生能生生生. 是故三相 雖是有爲. 而非無窮.

[답변]

答曰.

만약 그 생생이 본생을 생한다고 말하면,

본생에서 [생한] 생생이 어떻게 본생을 생하겠는가? 7-5)

若謂是生生 能生於本生

生生從本生 何能生本生 7-5)

만약 그 생생이 본생을 생하게 한다면, 그 생생은 본생에서 생한다고 말할 수 없을 것이다. 왜인가? 본생에서 생한 그 생생이

어떻게 [다시] 본생을 생하겠는가? 또한

若是生生 能生本生者. 是生生則 不名從本生生. 何以故. 是生生從本生生. 云何能生本生. 復次

만약 그 본생이 생생을 생하도록 한다고 말한다면,

그 [생생]에서 생한 본생이 어떻게 생생을 생하도록 하겠는가? 7-6)

若謂是本生 能生於生生

本生從彼生 何能生生生 7-6)

만약 본생이 생생을 생하도록 한다고 말한다면, 그 본생은 생생에서 생했다고 말할 수 없을 것이다. 왜인가? 생생에서 생한 그 본생이 어떻게 생생을 생하도록 하겠는가? 생생법은 응당 본생을 생하도록 해야 하겠지만, 지금 생생은 본생을 생할 수 없다. 생생은 아직 자체를 갖지도 못했는데, 어떻게 본생을 생하도록 하겠는가? 그러므로 본생은 생생을 생하도록 할 수 없다.

若謂本生 能生生生者. 是本生不名 從生生生. 何以故. 是本生從生生生. 云何能生生生. 生生法應生本生. 而今生生 不能生本生. 生生未有自體. 何能生本生. 是故本生 不能生生生.

2) 동시생의 모순

[물음] 그 생생이 생할 때에 비선비후로 본생을 생하도록 한다. 오직 생생이 생할 때에 능히 본생을 생하도록 하는 것이다.

問曰. 是生生生時 非先非後. 能生本生. 但生生生時 能生本生.

[답변] 그것도 불합리하다. 왜인가?
答曰. 不然. 何以故

만약 생생이 생할 때에 본생을 생하도록 한다면,
생생은 아직 존재하는 것이 아닌데, 어떻게 본생을 생하도록 하겠는가? 7-7)
若生生生時 能生於本生
生生尙未有 何能生本生 7-7)

만약 생생이 생할 때에 본생을 생하도록 하기 때문에 그렇다고 하면, 사실은 [생생은] 아직 존재하지 않는 것이기 때문에, 생생이 생할 때에 본생을 생하도록 할 수는 없다. 또한
若謂生生生時 能生本生可爾. 而實未有. 是故生生生時. 不能生本生. 復次

만약 본생이 생할 때에 생생을 생하도록 한다면,
본생은 아직 존재하는 것이 아닌데, 어떻게 생생을 생하도록 하겠는가? 7-8)
若本生生時 能生於生生
本生尙未有 何能生生生 7-8)

만약 그 본생이 생할 때에 생생을 생하도록 하기 때문에 그렇다고 하면, 사실은 [본생은] 아직 존재하지 않는 것이기 때문에, 본생이 생할 때에 생생을 생하도록 할 수는 없다.

若謂是本生生時 能生生生可爾. 而實未有. 是故本生生時. 不能生生生.

3) 등불의 비유 비판

[물음]

問曰.

마치 등불이 자신을 비추고 타자도 비추는 것처럼,

생법도 그와 같아서 자신을 생하게 하고 타자도 생하게 하는 것이다. 7-9)

如燈能自照 亦能照於彼

生法亦如是 自生亦生彼 7-9)

등불이 어두운 방에 들어가면 여러 사물을 비추고 자신도 비추듯이, 생도 그와 같이 타자를 생하도록 하면서 자신도 생하게 하는 것이다.

如燈入於闇室 照了諸物. 亦能自照. 生亦如是. 能生於彼. 亦能自生.

[답변] [그것은] 불합리하다. 왜인가?

答曰. 不然. 何以故

등불 속에는 어둠이 존재하지 않고, [그것이] 머무는 곳에도 어둠은 존재하지 않는다.

어둠을 부수기 때문에 비춤이라고 부른다. [그런데] 어둠이 존재하지 않기 때문에 비춤도 존재하지 않는다. 7-10)

燈中自無闇 住處亦無闇

破闇乃名照 無闇則無照 7-10)

등불의 자체에는 본래 어둠이 존재하지 않는다. 밝음이 미치는 곳에도 역시 어둠은 존재하지 않는다. 밝음과 어둠은 상위하기 때문이다. 어둠을 부수기 때문에 비춤이라고 부른다. [그러므로] 어둠이 존재하지 않는 곳에는 비춤도 존재하지 않는다. [그런데] 어떻게 등불이 자신을 비추고 타자도 비춘다고 말할 수 있겠는가?

燈體自無闇. 明所及處亦無闇. 明闇相違故. 破闇故名照. 無闇則無照. 何得言燈 自照亦照彼.

[물음] 그 등불이 아직 생하지 않았을 때에도 비춤은 존재하지 않고, 이미 생했을 때에도 비춤은 존재하지 않는다. 다만 등이 생할 때에 능히 자신도 비추고 타자도 비추는 것이다.

問曰. 是燈非未生有照 亦非生已有照. 但燈生時. 能自照亦照彼.

[답변]

答曰.

어떻게 생시인 등불이 어둠을 부수겠는가?

그 등불이 처음으로 생할 때는 어둠에 도달할 수 없기 [때문]이다. 7-11)

云何燈生時 而能破於闇

此燈初生時 不能及於闇 7-11)

'생시인 등불'이란 반은 생하고 반은 아직 생하지 않은 것을 말한다. [그때에는] 등불의 실체가 아직 성취되지도 않았는데 어떻게 능히 어둠을 부수겠는가? 또한 [그때] 등불은 어둠에 도달하지 못한다. 사람이 적을 만났을 때 무찌른다고 말한다. [그러므로] 등불이 어둠에 도달하지 못하더라도 어둠을 부순다고 말하면, 그것도 역시 불합리하다. 왜인가?

燈生時名 半生半未生. 燈體未成就 云何能破闇. 又燈不能及闇. 如人得賊 乃名爲破. 若謂燈雖不到闇 而能破闇者. 是亦不然. 何以故

만약 어둠에 도달하지 못한 등불이 어둠을 부술 수 있다면,

여기 있는 등불은 일체의 어둠을 부술 수 있을 것이다. 7-12)

燈若未及闇 而能破闇者

燈在於此間 則破一切闇 7-12)

만약 등불이 힘을 가지고 있어서 어둠에 도달하지 않고도 능히 어둠을 부술 수 있다면, [지금] 여기서 타오르는 등불이 응당 모든 곳에 있는 어둠을 부수어야 할 것이다. 그 둘은 모두 [동일하게 어둠에] 도달하지 않은 것이기 때문이다. 또한 등불은 자신을 비추고 타자를 비출 수 없다. 왜인가?

若燈有力. 不到闇 而能破者. 此處燃燈. 應破一切處闇. 俱不及故. 復次燈不應 自照照彼. 何以故

만약 등불이 능히 자신을 비추고 타자도 비출 수 있다면,

어둠도 응당 자신을 어둡게 하고 타자도 어둡게 할 수 있을 것이다. 7-13)

若燈能自照 亦能照於彼
闇亦應自闇 亦能闇於彼 7-13)

만약 등불이 어둠과 상위하기 때문에, 자신도 비추고 타자도 비춘다면, 어둠도 등불과 상위하기 때문에, 응당 자신도 감추고 타자도 감출 것이다. 만약 어둠이 등불과 상위하기 때문에, 자신도 감추지 못하고 타자도 감추지 못한다면, 등불도 어둠과 상위하기 때문에, 역시 자신도 비추지 못하고 타자도 비추지 못할 것이다. 그러므로 등불의 비유는 올바르지 못하다.

若燈與闇相違故. 能自照亦照於彼. 闇與燈相違故. 亦應自蔽蔽彼. 若闇與燈相違. 不能自蔽蔽彼. 燈與闇相違. 亦不應自照亦照彼. 是故燈喩非也.

4) 미생생과 이생생의 부정

아직 생의 인연에 대한 논파가 미진하니 다시 설명하겠다.

破生因緣未盡故. 今當更說

만약 이 생이 아직 생하지 않았다면, 어떻게 자신을 생하도록 하겠는가?

만약 [이 생이] 생하고 나서 [다시] 자신을 생하게 한다면, 이미 생했는데 생은 무슨 소용이 있겠는가? 7-14)

此生若未生 云何能自生

若生已自生 生已何用生 7-14)

이 생이 자신을 생하도록 한다고 할 때, 이미 생한 후에 생하도록 하는 것인가, 아직 생하지 않고서 생하도록 하는 것인가? 만약 아직 생하지 않고서 생하도록 한다면, 그것은 무인 법이니 무인 법이 어떻게 자신을 생하도록 하겠는가?

是生自生時. 爲生已生. 爲未生生. 若未生生則是無法. 無法何能自生.

만약 생하고 나서 [다시] 생하도록 한다면, 이미 성립한 것이니, 다시 생할 필요가 없을 것이다. 이미 지은 것을 다시 짓지 않는 것과 같다. [이처럼] 이생이라고 하거나 미생이라고 하거나 그 둘은 모두 불생이기 때문에 생은 존재하지 않는다.

若謂生已生. 則爲已成. 不須復生. 如已作不應更作. 若已生

若未生. 是二俱不生故無生.

[그러므로] 그대는 앞에서 생은 등불과 같이, 자신을 생하게 하고 타자도 생하게 한다고 설했지만, 그런 일은 불합리하다. 주와 멸도 그와 같다. 또한

汝先說生如燈能自生亦生彼. 是事不然. 住滅亦如是. 復次

5) 삼시생의 부정

생은 이생에서 생하는 것도 아니고, 미생에서 생하는 것도 아니다.

생시도 역시 불생이다. [그것은] 거래[품]에서 이미 답하였다. 7-15)

生非生已生 亦非未生生

生時亦不生 去來中已答 7-15)

생이란 중연이 화합하여 [사물이] 생하는 것을 말한다. [그런데] 이생已生에는 작용이 없기 때문에 생이 존재하지 않는다. 미생未生에도 작용이 없기 때문에 생이 존재하지 않는다. 생시生時에도 [생의 존재는] 불합리하다.

生名衆緣和合有生. 已生中無作故無生. 未生中無作故無生. 生時亦不然.

생법을 떠나면 생시는 불가득이고, 생시를 떠나면 생법도 불가

득이다. 그렇다면 어떻게 생시가 생하겠는가? 그와 같은 일은 「거래품」에서 이미 답했다.

離生法 生時不可得. 離生時 生法亦不可得. 云何生時生. 是事去來中已答.

이미 생한 법은 생할 수 없다. 왜인가? 이미 생한 것이 다시 생하는 것이기 때문이다. 그와 같이 전전한다면 곧 무궁이 되니, 이미 짓고서 다시 짓는 것과 같다.

已生法不可生. 何以故. 生已復生. 如是展轉則爲無窮. 如作已復作.

또한 만약 이미 생한 것이 다시 생한다면, 어떤 생법에 의해서 생하는 것인가? 그 생상은 미생이지만, 이미 생한 것이 생한다면, 곧 자신이 설한 것과 위배된다. 왜인가?

復次若生已更生者. 以何生法生. 是生相未生. 而言生已生者. 則自違所說. 何以故.

생상이 미생인데도 그대는 생이라고 말한다. 만약 미생을 생이라고 말한다면, 이미 생한 법도 생할 수 있을 것이고, 아직 생하지 않은 [법도] 생할 수 있을 것이다.

生相未生 而汝謂生. 若未生謂生者. 法或可生已而生. 或可未生而生.

그대는 앞에서 이미 생한 것이 생한다고 설했지만, 그렇다면 결정[상]이 아니다. 또한 이미 불탄 것은 다시 불타지 않고, 이미 간 것은 다시 가지 않는다. 그와 같은 이유 때문에 이미 생한 것은 생하지 않는다.

汝先說生已生. 是則不定. 復次如燒已不應復燒. 去已不應復去. 如是等因緣故. 生已不應生.

아직 생하지 않은 법도 생하지 않는다. 왜인가? 만약 아직 생하지 않은 법이라면, 응당 생의 연과 화합하지 않을 것이다. 생의 연과 화합하지 않는다면 법은 생하지 않을 것이다.

未生法亦不生. 何以故. 法若未生. 則不應與生緣和合. 若不與生緣和合. 則無法生.

만약 법이 아직 생의 연과 화합하지 않았지만 생한다고 말하면, 응당 작법이 없어도 짓고, 감이 없어도 가고, 염법이 없어도 물들고, 에법恚法이 없어도 화를 내고, 치법癡法이 없어도 어리석게 될 것이다.

若法未與生緣和合而生者. 應無作法而作. 無去法而去. 無染法而染. 無恚法而恚. 無癡法而癡.

그렇다면 세간법은 모두 무너지게 된다. 그러므로 미생법은 생하지 않는다. 또한 만약 미생법이 생한다면, 응당 세간의 모든 미생법은 일체를 생하도록 할 것이다.

如是則皆破世間法. 是故未生法不生. 復次若未生法生者. 世間未生法皆應生一切.

[그렇다면] 아직 보리菩提를 일으키지 못한 범부에게 불괴不壞의 법인 보리가 생할 것이고, 번뇌가 없는 아라한에게 번뇌가 생할 것이며, 뿔이 없는 토끼에게 [뿔이] 생할 것이다. 그러나 그런 일은 불합리하다. 그러므로 미생법도 역시 불생이다.

凡夫未生菩提今應生菩提不壞法. 阿羅漢無有煩惱. 今應生煩惱. 免等無角今皆應生. 但是事不然. 是故未生法亦不生.

6) 화합생의 부정(1)

[물음] 미생법이 불생이라는 것은 아직 연을 갖추지 못했기 때문에, 작용이 존재하지 않고, 작자가 존재하지 않고, 시간이 존재하지 않고, 방향 등이 존재하지 않아서 불생인 [것을 말하는] 것이다. [그러나] 만약 연을 갖추어, 작용이 존재하고, 작자가 존재하고, 시간이 존재하고, 방향 등이 존재해서, [그것들이] 화합하게 되면 미생법이 생하게 된다. 그러므로 일체의 미생법이 모두 불생이라고 말하면 그것은 불합리하다.

問曰. 未生法不生者. 以未有緣 無作無作者 無時無方 等故不生. 若有緣 有作有作者 有時有方 等和合故 未生法生. 是故若說 一切未生法 皆不生. 是事不爾.

[답변] 만약 법이 연을 갖추어서, 시간이 존재하고, 방향 등이 존

재해서, [그것들이] 화합하여 [미생법이] 생하는 것이라면, [그것들이] 미리 존재한다고 해도 불생이고, 미리 존재하지 않는다고 해도 불생이다. [또한 미리] 유무有無라고 해도 불생이다.

答曰. 若法有緣 有時有方 等和合則生者. 先有亦不生. 先無亦不生. 有無亦不生.

세 가지는 이미 앞에서 논파하였다. 그러므로 이생도 불생이고, 미생도 불생이고, 생시도 불생이다. 왜인가? 이생인 것이 불생이고, 미생인 것도 불생이라는 것은 앞에서 답한 것과 같다.

三種先已破. 是故生已不生. 未生亦不生. 生時亦不生. 何以故. 已生分不生. 未生分亦不生. 如先答.

또한 [생시가 불생인 것은 다음과 같다. 즉] 만약 생을 떠나서 생시가 있다고 하면 응당 생시는 생할 것이다. 그러나 생을 떠나면 생시도 존재하지 않는다. 그러므로 생시도 역시 불생이다. 또한 만약 생시가 생한다고 말하면, 두 개의 생이 존재하는 오류가 있게 된다. 첫째는 생시라고 부르는 것이 생[한다고 말]하기 때문이고, 둘째는 생시 속에 생이 [있기] 때문이다. [그러나] 그 두 가지는 모두 불합리하다. 두 개의 법이 존재하지 않는데, 어떻게 두 개의 생이 존재하겠는가? 그러므로 생시도 역시 생하지 않는다.

復次若離生 有生時者. 應生時生. 但離生無生時. 是故生時亦不生. 復次若言生時生者. 則有二生過. 一以生故名生時. 二以生時中生. 二皆不然. 無有二法. 云何有二生. 是故生時亦

不生.

또한 생법이 아직 생하지 않았다면, 생시는 존재하지 않는다. 생시가 존재하지 않는데, 생은 무엇에 의지하겠는가? 그러므로 생시가 생한다고 말할 수는 없다. 이와 같이 살펴보니, 이생도 무생이고, 미생도 무생이며, 생시도 무생이다. 무생이기 때문에 생은 성립하지 않는다. 생이 성립하지 않기 때문에 주와 멸도 역시 성립하지 않는다. 생주멸이 성립하지 않기 때문에 유위법도 성립하지 않는다. 그러므로 게송에서 이거, 미거, 거시 중에서 이미 답했다고 설한 것이다.

復次生法 未發則無生時. 生時無故生何所依. 是故不得言生時生. 如是推求. 生已無生. 未生無生. 生時無生. 無生故生不成. 生不成故住滅亦不成. 生住滅不成故有爲法不成. 是故偈中說去未去去時中已答.

7) 화합생의 부정(2)

[물음] 나는 "이생이 생한다, 미생이 생한다, 생시가 생한다."라고 말하지 않았다. 다만 "중연이 화합하기 때문에 생이 있다."[라고 말했다].

問曰. 我不定言生已生未生生生時生. 但衆緣和合故有生.

[답변] 그대가 그렇게 말해도 그것은 불합리하다. 왜인가?

答曰. 汝雖有是說. 此則不然. 何以故

생시가 생한다고 말하는 것, 그것은 이미 성립하지 않는다.
[그렇다면] 어떻게 중연이 화합할 때 생할 수 있겠는가? 7-16)
若謂生時生 是事已不成
云何衆緣合 爾時而得生 7-16)

생시가 생한다는 것은 이미 여러 가지 이유로 논파하였다. [그런데] 그대는 지금 어째서 다시 중연이 화합하기 때문에 생이 있다고 말하는 것인가? 중연이 구족하든 구족하지 않든 그것은 모두 생과 같이 논파된다. 또한

生時生已種種因緣破. 汝今何以更說衆緣和合故有生. 若衆緣具足不具足. 皆與生同破. 復次

만약 법이 중연 [화합하여] 생한다면, 그것은 곧 적멸인 것이다.
그러므로 생과 생시라는 그 두 가지는 모두 적멸이다. 7-17)
若法衆緣生 卽是寂滅性
是故生生時 是二俱寂滅 7-17)

여러 연에서 생한 법은 무자성이기 때문에 적멸이다. 적멸이란 이것도 없고, 저것도 없고, 상도 없어서, 언어의 길이 끊어지고, 여러 희론이 소멸한 것을 말한다.

衆緣所生法. 無自性故寂滅. 寂滅名爲 無此無彼無相. 斷言語道 滅諸戲論.

여러 연이란 실을 원인으로 해서 옷감이 있고, 갈대를 원인으로 해서 자리가 있는 것과 같은 것을 말한다. 만약 실이 스스로 결정상을 가진다면, 응당 삼에서 나오지 않아야 할 것이고, 만약 옷감이 스스로 결정상을 가진다면, 응당 실로부터 나오지 않아야 할 것이다.

衆緣名如 因縷有布 因蒲有席. 若縷自有定相. 不應從麻出. 若布自有定相. 不應從縷出.

그러나 실제로는 실로부터 옷감이 나오고, 삼에서 실이 나온다. 그러므로 실도 결정적인 자성이 없으며, 옷감도 결정적인 자성이 없다. 인연화합해서 이루어진 불과 땔감이 자성을 가지지 못하는 것과 같다. 땔감이 [자성이] 없기 때문에 불도 [자성이] 없고, 불이 [자성이] 없기 때문에 땔감도 [자성이] 없다. 일체법은 이와 같다.

而實從縷有布. 從麻有縷. 是故縷亦無定性. 布亦無定性. 如燃可燃 因緣和合成. 無有自性. 可燃無故 燃亦無. 燃無故 可燃亦無. 一切法亦如是.

그러므로 여러 연에서 생한 법은 무자성이고, 무자성이기 때문에 공이다. 그것은 마치 아지랑이에 실체가 없는 것과 같다. 그러므로 게송에서 생과 생시는 모두 적멸이라고 말한 것이니, 응당 생과 생시를 설하지 말아야 할 것이다. 그대는 갖가지 인연으로 생상을 성립시키고자 하지만, [그대가 말하는] 것들은 모두 희론이고 적멸상이 아니다.

是故從衆緣生法 無自性. 無自性故空 如野馬無實. 是故偈中說 生與生時 二俱寂滅. 不應說生時生. 汝雖種種因緣 欲成生相. 皆是戲論 非寂滅相.

8) 미생법생의 부정

[물음] 삼세의 차별은 결정적으로 존재하는 것이고, 미래세의 법이 생할 인연을 얻게 되면 생하는 것이다.

問曰. 定有三世別異. 未來世法得生. 因緣卽生. 何故言無生.

[답변]

答曰.

만약 미생법이 존재해서 생이 있다고 말한다면,
그 법은 이미 존재하는데 다시 생해서 무슨 소용이 있겠는가? 7-18)

若有未生法 說言有生者
此法先已有 更復何用生 7-18)

만약 미래세 가운데 미생법이 존재해서 [그것이] 생한다면, 그 법은 이미 존재하는 것인데, 다시 생해서 무슨 소용이 있겠는가? [이미] 존재하는 법은 응당 다시 생하지 않을 것이다.

若未來世中. 有未生法而生. 是法先已有. 何用更生. 有法不應更生.

[물음] 미래는 비록 존재한다고 해도 현재상과 동일하지 않다. 현재상[을 가지기] 때문에 생이라고 설하는 것이다.

問曰. 未來雖有. 非如現在相. 以現在相故說生.

[답변] 현재상은 미래에는 존재하지 않는다. 만약 [현재상이 미래에] 존재하지 않는다면 어떻게 미래의 생법이 생한다고 말하겠는가? [그러나] 만약 존재한다면 응당 미래라고 부르지 말고, 현재라고 불러야 할 것이며, 현재는 다시 생하지 않을 것이다. [이처럼 미래와 현재의] 두 가지 [생법]이 모두 무생이기 때문에 불생이다.

答曰. 現在相未來中無. 若無云何言未來生法生. 若有不名未來. 應名現在. 現在不應更生. 二俱無生故不生.

9) 생시생의 부정

또한 그대는 생시가 생하면서 타자도 생하게 한다고 말하지만, 지금 다시 [무생임을] 설명하겠다.

復次汝謂生時生亦能生彼. 今當更說

만약 생시가 생하면서 그것이 소생所生을 가진다고 말하면,
어떻게 다시 생이 있어서 그 생[시]를 생하게 하겠는가? 7-19)
若言生時生 是能有所生
何得更有生 而能生是生 7-19)

만약 생생시가 그것을 타자도 생하도록 한다면, 그 [생생시라는]

생은 누가 다시 생하도록 하는가?

若生生時能生彼. 是生誰復能生

만약 다시 생이 있다고 말하면, 생생은 곧 무궁이 될 것이다.

[만약] 생생을 떠나서 생이 있다면, 법은 모두 능히 스스로 생할 것이다. 7-20)

若謂更有生 生生則無窮

離生生有生 法皆能自生 7-20)

만약 생에 다시 생이 있다면, 생은 무궁이 될 것이다. 만약 그 생에 다시 생이 없어서 스스로 생한다면, 일체법도 모두 능히 스스로 생할 것이다. 그러나 사실은 그렇지 않다. 또한

若生更有生. 生則無窮. 若是生更無生而自生者. 一切法亦皆能自生. 而實不爾. 復次

10) 유법생과 무법생의 부정

유인 법은 응당 생하지 않을 것이다. 무[인 법]도 응당 생하지 않을 것이다.

유이면서 무인 [법]도 생하지 않는다. 이런 이치는 앞에서 이미 설하였다. 7-21)

有法不應生 無亦不應生

有無亦不生 此義先已說 7-21)

이른바 생이 있다고 하는 것은 유인 법에 생이 있다고 하거나, 무인 법에 생이 있다고 하거나, 유무인 법에 생이 있다고 하는 것이다. [그러나] 그 모두는 불합리하다. 그에 대해서는 앞에서 이미 설했다. 그와 같은 세 가지를 떠나면 다시 생은 존재하지 않는다. 그러므로 무생이다. 또한

凡所有生. 爲有法有生. 爲無法有生. 爲有無法有生. 是皆不然. 是事先已說. 離此三事更無有生. 是故無生. 復次

11) 멸법생과 불멸법생의 부정

만약 여러 법이 멸하고 있다면, 그때에는 응당 생은 없을 것이다.

만약 [여러] 법이 불멸이라면, 그런 일은 결코 존재하지 않는다. 7-22)

若諸法滅時 是時不應生

法若不滅者 終無有是事 7-22)

만약 법이 멸상이라면 그 법은 응당 불생일 것이다. 왜인가? 그 두 상은 상위하기 때문이다. [그 가운데] 하나는 멸상이니 [그로부터] 그 법이 멸함을 알고, [다른] 하나는 생상이니 [그로부터] 그 법이 생함을 안다. 그 두 상은 상위한 법이니, [그 둘이] 동시라고 하는 것은 불합리하다. 그러므로 멸상인 법은 응당 불생일 것이다.

若法滅相是法不應生. 何以故. 二相相違故. 一是滅相. 知法是滅. 一是生相. 知法是生. 二相相違法. 一時則不然. 是故滅

相法不應生.

[물음] 만약 멸상인 법이 불생이라고 해도 멸상이 아닌 법은 생할 것이다.

問曰. 若滅相法不應生. 不滅相法應生.

[답변] 일체의 유위법은 순간마다 소멸하기 때문에, 유위가 아닌 불멸인 법은 존재하지 않는다. [또한] 무위법은 결정적으로 존재하지 않으니, 무위법이란 다만 명칭일 뿐이다. 그러므로 불멸인 법을 설한다고 해도 그런 것은 결코 존재하지 않는다.

答曰. 一切有爲法念念滅故. 無不滅法離有爲. 無有決定無爲法. 無爲法但有名字. 是故說不滅法終無有是事.

## 마, 주법의 존재 부정

### 1) 주법주와 부주법주의 부정

[물음] 만약 법이 무생이라고 해도 응당 주는 존재할 것이다.

問曰. 若法無生應有住.

[답변]

答曰.

부주법도 머물지 않고, 주법도 머물지 않으며,

주시도 머물지 않는다. 무생인데 어떻게 머문다고 말하겠는가? 7-23)

不住法不住 住法亦不住

住時亦不住 無生云何住 7-23)

부주법不住法은 머물지 않는다. 주상住相이 존재하지 않기 때문이다. 주법住法도 머물지 않는다. 왜인가? 이미 주[상]이 존재하기 때문이다. 거去를 원인으로 해서 주住가 존재하는 것이다. [그러므로] 만약 주법이 이미 존재한다면, 응당 다시 머물지는 않을 것이다.

不住法不住. 無住相故. 住法亦不住. 何以故. 已有住故. 因去故有住. 若住法先有. 不應更住.

주시住時도 머물지 않는다. 주[법]와 부주[법]을 떠나서 주시住時는 존재하지 않[기 때문이]다. 그러므로 [주시도] 머물지 않는다. 이와 같이 일체처에서 구해도 주住는 불가득이다. 그러므로 그 [주住]는 무생이다. 만약 무생이라면 어떻게 주가 존재한다고 말하겠는가? 또한

住時亦不住. 離住不住更無住時. 是故亦不住. 如是一切處求住不可得故. 卽是無生. 若無生云何有住. 復次

2) 멸법주와 불멸법주의 부정

만약 여러 법이 멸하고 있다면, 그것은 응당 머물지 않을 것이

다.

만약 [여러] 법이 불멸이라면, 그런 일은 결코 존재하지 않는다. 7-24)

若諸法滅時 是則不應住

法若不滅者 終無有是事 7-24)

만약 [여러] 법이 멸상滅相이라면, 그 법에 주상住相은 존재하지 않을 것이다. 왜인가? [그것은] 하나의 법에 두 개의 상위한 상이 있는 것이기 때문이다. [그 가운데] 하나는 멸상이고, 다른 하나는 주상이다. [그러나] 주상과 멸상이 동시에 한 장소에 있다고 하는 것은 불합리하다. 그러므로 멸상인 법에 주[상]이 있다고는 말할 수 없다.

若法滅相. 是法無有住相. 何以故. 一法中有二相相違故. 一是滅相. 二是住相. 一時一處有住滅相. 是事不然. 是故不得言滅相法有住.

[물음] 만약 법이 불멸이라면, 응당 주는 존재할 것이다.

問曰. 若法不滅應有住.

[답변] 불멸인 법은 존재하지 않는다. 왜인가?

答曰. 無有不滅法. 何以故

존재하는 일체법은 모두 노사의 상이다.

노사를 떠나서 머무는 법의 존재는 결코 발견되지 않는다. 7-25)

所有一切法 皆是老死相

終不見有法 離老死有住 7-25)

생시生時인 일체법은 무상無常이다. [일체법은] 무상하기 때문에 항상 노와 사라고 부르는 두 가지 [상]을 가진다. 이와 같이 일체법은 항상 노사[의 상]을 가지기 때문에 주시住時는 존재하지 않는다. 또한

一切法生時無常. 常隨逐無常有二. 名老及死. 如是一切法. 常有老死故無住時. 復次

3) 자상주와 이상주의 부정

주住는 자상自相에 의한 주도 아니고, 이상異相에 의한 주도 아니다.

[그것은] 생이 자[상에 의한] 생도 아니고, 이상에 의한 생도 아닌 것과 같다. 7-26)

住不自相住 亦不異相住

如生不自生 亦不異相生 7-26)

만약 주법이 존재한다면, 자상에 의해서 머문다고 하겠는가, 타상에 의해서 머문다고 하겠는가? [그러나] 그 두 가지는 모두 불합리하다. 만약 자상에 의해서 머문다면, [그것은] 상주常住라고 해

야 할 것이다. [그러나] 일체의 유위법은 중연衆緣에서 생한다. [그러므로] 만약 주라는 법이 자[상에 의해서] 머문다면, 유위라고는 말하지 못할 것이다. [또한] 만약 주가 자상에 의해서 머문다면, [다른] 법도 응당 자상에 의해서 머물러야 할 것이다. [그러나] 눈이 자신을 볼 수 없는 것처럼, 주도 그와 같이 [자상에 의해서 머물 수는 없다].

若有住法. 爲自相住爲他相住. 二俱不然. 若自相住則爲是常. 一切有爲法從衆緣生. 若住法自住. 則不名有爲. 住若自相住. 法亦應自相住. 如眼不能自見. 住亦如是.

만약 [주법이] 이상異相에 의해서 머문다면, 주에 다시 주가 있는 것이니, 그것은 무궁無窮이 될 것이다. 또한 이법異法을 만나서 이상이 생하는 것이니, 이법을 원인으로 하지 않고도, 이상이 존재하는 일은 있을 수 없다. 이상은 결정적으로 존재하는 것이 아니기 때문이다. [그러므로] 이상을 원인으로 하면서도 머문다면, 그것은 불합리하다.

若異相住則. 住更有住. 是則無窮. 復次見異法生異相. 不得不因異法而有異相. 異相不定故. 因異相而住者. 是事不然.

## 바. 멸법의 존재 부정

### 1) 삼시멸법의 부정

[물음] 만약 주가 존재하지 않는다면, 응당 멸은 존재할 것이다.

問曰. 若無住應有滅.

[답변] 존재하지 않는다. 왜인가?
答曰. 無. 何以故

이멸已滅인 법도 불멸이고, 미멸未滅[인 법]도 불멸이며,
멸시滅時[인 법]도 불멸이다. 무생인데 어떻게 멸이 존재하겠는가? 7-27)
法已滅不滅 未滅亦不滅
滅時亦不滅 無生何有滅 7-27)

만약 법이 이멸已滅이라면 불멸이다. [왜냐하면] 이미 소멸했기 때문이다. 미멸未滅이라고 해도 역시 불멸이다. [왜냐하면] 멸상을 떠났기 때문이다. 멸시라고 해도 역시 불멸이다. [왜냐하면] 그 둘을 떠나면 멸시도 존재하지 않기 때문이다. 이와 같이 추구하니 멸법滅法도 무생이다. 무생이라면 어떻게 멸이 존재하겠는가? 또한

若法已滅則不滅. 以先滅故. 未滅亦不滅. 離滅相故. 滅時亦不滅. 離二更無滅時. 如是推求. 滅法卽是無生. 無生何有滅. 復次

2) 주법멸과 불주법멸의 부정

만약 법이 주[상]을 가진다면, 그것은 응당 불멸일 것이다.

만약 법이 주[상]을 가지지 않는다면, 그것도 불멸일 것이다. 7-28)

法若有住者 是則不應滅

法若不住者 是亦不應滅 7-28)

만약 법이 결정적으로 머문다면, 멸은 존재하지 않을 것이다. 왜인가? 주상이 존재하기 때문이다. 만약 주법이 멸한다면, [거기에는] 두 개의 상相이 존재하게 될 것이다. [그것은] 주상과 멸상이다. 그러므로 주[법] 가운데 멸滅이 있다고 말할 수는 없다. [그것은] 생과 사가 동시에 존재할 수 없는 것과 마찬가지이다. 머물지 않는 법에도 멸은 존재하지 않는다. 왜인가? 주상을 떠나 있기 때문이다. 만약 주상을 떠나 있다면 무無인 법이다. 무인 법이 어떻게 소멸하겠는가? 또한

若法定住則無有滅. 何以故. 由有住相故. 若住法滅則有二相. 住相滅相. 是故不得言住中有滅. 如生死不得一時有. 若法不住亦無有滅. 何以故. 離住相故. 若離住相則無法. 無法云何滅. 復次

3) 자상멸과 이상멸의 부정

그 법이 그것일 때, 그것일 때에도 소멸하지 않는다.

그 법이 다른 것일 때, 다른 것일 때에도 소멸하지 않는다. 7-29)

是法於是時 不於是時滅

是法於異時 不於異時滅 7-29)

만약 법이 멸상滅相을 가진다면, 그 법은 자상에 의해서 멸하거나, 이상에 의해서 멸할 것이다. 그러나 그 둘은 모두 불합리하다. 왜인가? [그것은] 우유가 우유일 때에는 멸하지 않는 것과 같다. [우유가] 우유로 존재할 때에는 우유의 상이 결정적으로 머물기 때문이다. 우유가 아닐 때에도 멸하지 않는다. [왜냐하면] 우유가 아니라면, 우유가 멸했다고 말할 수는 없기 [때문]이다. 또한

若法有滅相. 是法爲自相滅. 爲異相滅. 二俱不然. 何以故. 如乳不於乳時滅. 隨有乳時. 乳相定住故. 非乳時亦不滅. 若非乳不得言乳滅. 復次

일체제법에서 생상이 불가득인 것처럼,
생상이 존재하지 않기 때문에, 멸상도 존재하지 않는다. 7-30)
如一切諸法 生相不可得
以無生相故 卽亦無滅相 7-30)

앞에서 일체제법의 생상을 추구해도 불가득이었던 것처럼, [생상이 불가득일] 때에는 멸상도 존재하지 않는다. 생을 논파했기 때문에 생은 존재하지 않는다. [그렇다면] 무생인데 어떻게 소멸이 존재하겠는가? 만약 그대의 마음이 여전히 미진하다면, 다시 멸을 논파하는 이유를 설명하겠다.

如先推求. 一切法生相不可得. 爾時卽無滅相. 破生故無生.

無生云何有滅. 若汝意猶未已. 今當更說破滅因緣

4) 유법멸과 무법멸의 부정

만약 [어떤] 법이 존재한다면, 거기에 소멸은 존재하지 않는다.
하나의 법에 유와 무의 상이 존재할 수는 없[기 때문이]다. 7-31)
若法是有者 是卽無有滅
不應於一法 而有有無相 7-31)

여러 법이 존재할 때에는 멸상을 추구해도 불가득이다. 왜인가? 하나의 법에 어떻게 유와 무의 상이 [함께] 존재할 수 있겠는가? 빛과 그림자가 동일한 장소에 있을 수 없는 것과 같다. 또한
諸法有時推求滅相不可得. 何以故. 云何一法中. 亦有亦無相. 如光影不同處. 復次

만약 [어떤] 법이 존재하지 않는다면, 거기에도 소멸은 존재하지 않을 것이다.
비유하면 두 번째의 머리는 존재하지 않아서, [다시] 자를 수 없는 것과 같다. 7-32)
若法是無者 是卽無有滅
譬如第二頭 無故不可斷 7-32)

만약 [어떤] 법이 존재하지 않는다면 멸상도 존재하지 않는다. 두 번째 머리와 세 번째 손은 존재하지 않기 때문에, [다시] 자를

수 없는 것과 같다. 또한

法若無者則無滅相. 如第二頭第三手無故不可斷. 復次

5) 자상멸과 타상멸의 부정

법은 자상에 의해서 멸하는 것도 아니고, 타상에 의해서 멸하는 것도 아니다.

그것은 [법이] 자상으로서 불생이고, 타상으로서도 불생인 것과 같다. 7-33)

法不自相滅 他相亦不滅
如自相不生 他相亦不生 7-33)

앞에서 생상을 설했던 것처럼,[1] 생은 자생도 아니고 타생도 아니다. 만약 자체가 생한다면 그것은 불합리하다. 일체의 사물은 여러 연에서 생하는 것이니, 손가락 끝이 자신을 만질 수 없는 것처럼, 생도 스스로 생할 수가 때문이다.

如先說生相. 生不自生. 亦不從他生. 若以自體生. 是則不然. 一切物皆從衆緣生. 如指端不能自觸. 如是生不能自生.

타로부터 생한다고 하는 것도 불합리하다. 왜인가? 생이 아직 존재하지 않기 때문에 응당 타로부터 생하지도 못할 것이다. 그 생은 [아직] 존재하지 않기 때문에 자체가 없으며, 자체가 없으니 타체도 없다. 그러므로 타로부터 생한다고 하는 것도 불합리하다.

1) 제1「관인연품」제3송, 제21「관성괴품」제12송을 참조하라.

멸법도 그와 같아서, 자상에 의해서 멸하는 것도 아니고 타상에 의해서 멸하는 것도 아니다. 또한

從他生亦不然. 何以故. 生未有故. 不應從他生. 是生無故無自體. 自體無故他亦無. 是故從他生亦不然. 滅法亦如是. 不自相滅不他相滅. 復次

## 사. 유위법과 무위법의 존재 부정

생주멸이 성립하지 않기 때문에, 유위[법]은 존재하지 않는다.
유위법이 존재하지 않는데, 어떻게 무위[법]이 존재할 수 있겠는가? 7-34)

生住滅不成 故無有有爲
有爲法無故 何得有無爲 7-34)

그대는 앞에서 생주멸의 [유위]상이 존재하기 때문에 유위[법]이 존재하며, 유위[법]이 존재하기 때문에 무위[법]도 존재한다고 설했다. 그러나 지금 이치에 따라 추구해 보니 [생주멸의] 삼상三相은 불가득이다. [그렇다면] 어떻게 유위[법]이 존재할 수 있겠는가?

汝先說有生住滅相故有有爲. 以有有爲故有無爲. 今以理推求. 三相不可得. 云何得有有爲.

[그대가] 앞에서 설했던 것처럼, 상相이 없는 법은 존재하지 않는다. [그렇다면] 유위법이 존재하지 않는데, 어떻게 무위[법]이 존

재할 수 있겠는가? 무위상이란 불생不生, 불주不住, 불멸不滅의 [상]을 말하고, 유위상이 멈춘 것을 무위상이라고 말한다. [이처럼] 무위는 별도의 상을 가지지 않으니, 그 [유위]의 삼상을 원인으로 하여 무위상이 존재하는 것이다. 예를 들면 화火는 열상熱相을 말하고, 지地는 견상堅相을 말하고, 수水는 냉상冷相을 말하지만, 무위는 그렇지 않은 것과 같다.

如先說. 無有無相法. 有爲法無故. 何得有無爲. 無爲相名 不生不住不滅. 止有爲相故 名無爲相. 無爲自無別相. 因是三相有無爲相. 如火爲熱相 地爲堅相 水爲冷相. 無爲則不然.

## 아. 유위상의 진실

[물음] 만약 그 생주멸[의 삼상]이 끝내 존재하지 않는다면, 어떻게 논에서 [그] 이름을 말하는 것인가?

問曰. 若是生住滅 畢竟無者. 云何論中 得說名字.

[답변]

答曰.

[유위법은] 환영과 같고 꿈과 같고, 건달바성과 같으니,
생주멸이라고 설해진 그 상相도 그와 같다. 7-35)

如幻亦如夢 如乾闥婆城
所說生住滅 其相亦如是 7-35)

생주멸[의 삼]상은 결정적으로 존재하는 것이 아니다. 범부들은 탐착貪着 때문에 [그것들이] 결정되어 있다고 말하지만, 여러 현성들은 [그들에 대한] 자비심으로 그와 같은 전도顚倒를 멈추기 위하여, 오히려 그들이 탐착하는 명자를 가지고 설한 것이다. [그러므로] 말은 똑같아도 그 마음이 다르니, [여러 현성들이] 생주멸의 [삼]상을 설하더라도 비난해서는 안될 것이다.

生住滅相 無有決定. 凡人貪著 謂有決定. 諸賢聖憐愍 欲止其顚倒. 還以其所著 名字爲說. 語言雖同 其心則異. 如是說生住滅相. 不應有難.

[여러 유위법은] 환화幻化로 지어진 것과 같으니, 응당 그 이유를 따지지 말아야 할 것이며, 그 속에서 근심과 기쁨을 일으키지 말아야 할 것이다. [그러므로] 다만 [유위법을] 눈으로 보면, 마치 꿈속에서 보는 것처럼 그 실체를 찾지 말아야 할 것이다. [여러 유위법은] 해가 뜰 때 건달바성이 나타나지만, 그 실체가 없는 것과 같아서, 다만 가명일 뿐 오래지 않아 소멸한다. 생주멸[의 삼상]도 그와 같으니, 범부들은 분별 때문에 존재한다고 말하지만, 지자가 추구하면 불가득이다.

如幻化所作. 不應責其所由. 不應於中 有憂喜想. 但應眼見而已. 如夢中所見 不應求實. 如乾闥婆城 日出時現 而無有實. 但假爲名字 不久則滅. 生住滅亦如是. 凡夫分別爲有. 智者推求則不可得

제8장

# 관작작자품(觀作作者品)

# 제8장
# 관작작자품(觀作作者品)

## 가. 결정유 작자와 결정유 작업의 부정

[물음] 지금 분명히 작[업]이 있고, 작자作者가 있으며, 사용되는 작법作法이 있다.[1] [그리고 그] 세 가지가 화합하기 때문에 과보果報가 존재한다. 그러므로 응당 작자와 작업이 존재할 것이다.

問曰. 現有作有作者 有所用作法. 三事和合故有果報. 是故應有作者作業.

[답변] 앞의 여러 품 중에서 일체법을 논파하여 [아무것도] 남은

---

1) 여기서 '작업'은 행위의 지음, '작자'는 행위자, '작법'은 행위의 도구를 말한다.

것이 없다. 삼상三相을 논파하여, 삼상이 존재하지 않기 때문에, 유위[법]이 존재하지 않고, 유위[법]이 존재하지 않기 때문에 무위[법]도 존재하지 않는다. 유위[법]과 무위[법]이 없기 때문에, 일체법이 모두 없어져서, 작[업]과 작자도 존재하지 않는다.

答曰. 上來品品中. 破一切法 皆無有餘. 如破三相. 三相無故無有有爲. 有爲無故 無無爲. 有爲無爲無故. 一切法盡 無作作者.

만약 그것들이 유위라면 유위[에 대한 논파] 중에서 논파되었을 것이고, 만약 그것들이 무위라면 무위[에 대한 논파] 중에서 논파되었을 것이다. [그러니 이제] 응당 다시 묻지 말아야 하겠지만, 그대는 집착하는 마음이 깊어서 또 다시 묻는구나. [그렇다면] 다시 답변하겠다.

若是有爲. 有爲中已破. 若是無爲. 無爲中已破. 不應復問汝著心深故. 而復更問. 今當復答.

결정적으로 존재하는 작자는 결정적으로 [존재하는] 업을 짓지 않는다.

결정적으로 존재하지 않는 작자도 결정적으로 [존재하지] 않는 업을 짓지 않는다. 8-1)

決定有作者 不作決定業

決定無作者 不作無定業 8-1)

만약 작자가 미리 결정적으로 존재하고, 작업이 [미리] 결정적으로 존재한다면, 응당 [업을] 짓지 않을 것이다. 만약 작자가 미리 결정적으로 존재하지 않고, 작업이 [미리] 결정적으로 존재하지 않는다고 해도, 역시 [업을] 짓지 않을 것이다. 왜인가?

若先定有作者 定有作業. 則不應作. 若先定無作者 定無作業. 亦不應作. 何以故

결정적인 업은 지어지지 않는다. 그 업에는 작자가 없을 것이다.

결정적인 작자도 [업을] 짓지 않는다. [그] 작자에도 업은 없을 것이다. 8-2)

決定業無作 是業無作者
定作者無作 作者亦無業 8-2)

만약 작업이 미리 결정적으로 존재한다면, 응당 다시 작자는 존재하지 않을 것이다. 또한 작자를 떠나서 작업이 있다고 한다면 그런 주장은 불합리하다. 만약 작자가 미리 결정적으로 존재한다면 응당 다시 작업은 없을 것이다. 또한 작업을 떠나서 작자가 있다면 그런 주장도 불합리하다. 그러므로 결정적인 작자와 결정적인 작업에는 응당 [업의] 지음이 없을 것이다.

若先決定有作業. 不應更有作者. 又離作者 應有作業. 但是事不然. 若先決定有作者. 不應更有作業. 又離作業 應有作者. 但是事不然. 是故決定作者決定作業. 不應有作.

불결정인 작자와 불결정인 작업에도 응당 [업의] 지음은 없을 것이다. 왜인가? 본래 존재하지 않는 것이기 때문이다. 작자가 있고 작업이 있어도 [업의] 지음이 불가능한데, 하물며 작자가 없고 작업이 없다면 어떻겠는가? 또한

不決定作者不決定作業. 亦不應有作. 何以故. 本來無故. 有作者有作業. 尙不能作. 何況無作者無作業. 復次

## 나. 무인생의 부정

만약 작자가 결정적으로 존재하고, 작업도 결정적으로 존재한다면,

[그런] 작자와 작업은 원인이 없는 것이 될 것이다. 8-3)

若定有作者 亦定有作業
作者及作業 卽墮於無因 8-3)

만약 작자가 미리 결정적으로 존재하고, 작업이 [미리] 결정적으로 존재할 때, 그대가 "작자가 [업을] 짓는다."라고 말하면 [그것은] 무인론이 된다. [그렇게 되면] 작업을 떠나서 작자가 있고, 작자를 떠나서 작업이 있는 것이 되어, 인연을 따르지 않고 존재하는 것이 될 것이다.

若先定有作者 定有作業. 汝謂作者有作. 卽爲無因 離作業有作者. 離作者有作業. 則不從因緣有.

[물음] 만약 인연을 따르지 않고서, 작자가 있고 작업이 있다면 어떤 오류가 있는가?

問曰. 若不從因緣 有作者有作業. 有何咎.

[답변]

答曰.

만약 무인론에 떨어진다면, 원인도 없고 결과도 없을 것이다.

[그렇다면] 작[업]도 없고, 작자도 없고, 사용되는 작법도 없을 것이다. 8-4)

若墮於無因 則無因無果

無作無作者 無所用作法 8-4)

만약 작[업] 등의 법이 없다면, 죄와 복도 없는 것이 될 것이다.

죄와 복 등이 없기 때문에, 죄와 복의 과보도 역시 없을 것이다. 8-5)

若無作等法 則無有罪福

罪福等無故 罪福報亦無 8-5)

만약 죄와 복의 과보가 존재하지 않는다면, 열반도 존재하지 않을 것이다.

또한 지어지는 것이 모두 공이 되니, 결과도 존재하지 않을 것이다. 8-6)

若無罪福報 亦無有涅槃
諸可有所作 皆空無有果 8-6)

만약 무인설에 떨어진다면, 일체법은 원인도 없고 결과도 없는 것이 된다. 능생법은 원인이라 부르고 소생법은 결과라고 부르지만, [무인설이라면] 그 두 가지가 [모두] 존재하지 않게 될 것이다. 그 두 가지가 존재하지 않기 때문에, 작[업]도 존재하지 않고, 작자도 존재하지 않을 것이다.

若墮於無因. 一切法則無因無果. 能生法名爲因. 所生法名爲果. 是二卽無. 是二無故無作無作者.

또한 사용되는 작법도 존재하지 않고, 죄와 복도 존재하지 않게 될 것이다. 죄와 복이 존재하지 않기 때문에, 죄와 복의 과보도 존재하지 않고, 열반을 위한 수행도 존재하지 않을 것이다. 그러므로 무인생은 성립하지 않는다.

亦無所用作法. 亦無罪福. 罪福無故 亦無罪福果報 及涅槃道. 是故不得從無因生.

[물음] 만약 불결정인 작자가 불결정인 업을 짓는다면 어떤 오류가 있는가?

問曰. 若作者不定. 而作不定業 有何咎.

[답변] 한 가지가 없어도 작업을 일으킬 수 없는데, 하물며 두

가지가 없다면 어떻겠는가? 비유하면 [신통력으로 만든] 변화인이 허공에 집을 짓는다고 할 때, 다만 언설만 있고 작자와 작업이 없는 것과 같다.

答曰. 一事無尙不能起作業. 何況二事都無. 譬如化人以虛空爲舍. 但有言說 而無作者作業.

## 다. 정부정 작자와 정부정 작업의 부정

[물음] 만약 작자도 없고, 작업도 없다면, 지어지는 것이 없을 것이다. [그러나] 지금은 작자도 있고, 작업도 있으니, 응당 지어지는 것이 존재할 것이다.

問曰. 若無作者無作業. 不能有所作. 今有作者有作業應有作.

[답변]

答曰.

결정적인 동시에 비결정적인 작자는 두 가지 업을 지을 수 없다.

유와 무는 다르기 때문에 한 장소에 두 가지가 있을 수는 없다. 8-7)

作者定不定 不能作二業

有無相違故 一處則無二 8-7)

결정적인 동시에 비결정적인 작자는 결정적인 동시에 비결정적인 업을 지을 수 없다. 왜인가? 유와 무는 서로 다르기 때문에 한 장소에 두 가지가 있을 수 없기 때문이다. 유有란 결정이고, 무無란 불결정이다. 한 사람이란 하나의 사물인데 어떻게 유와 무가 [함께] 있을 수 있겠는가? 또한

作者定不定. 不能作定不定業. 何以故. 有無相違故. 一處不應有二. 有是決定. 無是不決定. 一人一事云何有有無. 復次

유는 무를 지을 수 없고, 무는 유를 지을 수 없다.
만약 작[업]과 작자가 존재한다면, 그 허물은 앞에서 설한 바와 같다. 8-8)

有不能作無 無不能作有
若有作作者 其過如先說 8-8)

만약 작자는 있는데 업이 없다면, 어떻게 지어지는 것이 있겠는가? [반대로] 작자는 없는데 업이 있다고 해도, 역시 지어지는 것은 없을 것이다. 왜인가? 앞에서 설한 것처럼, 만약 존재 가운데 업이 미리 있다면, 작자는 다시 무엇을 짓겠는가?

若有作者而無業. 何能有所作. 若無作者而有業. 亦不能有所作. 何以故. 如先說. 有中若先有業. 作者復何所作.

[또한] 만약 업이 미리 존재하지 않는다면 어떻게 지을 수 있다고 말하겠는가? 그렇다면 죄와 복 등의 인연과 과보를 무너뜨리는

것이 된다. 그러므로 게송에서 설하기를 "유는 무를 지을 수 없고, 무는 유를 지을 수 없다. 만약 작[업]과 작자가 존재한다면, 그 허물은 앞에서 설한 바와 같다."라고 한 것이다. 또한

若先無業 云何可得作. 如是則破罪福等 因緣果報. 是故偈中說. 有不能作無 無不能作有. 若有作作者. 其過如先說. 復次

작자는 결정적인 [업을] 짓지 못하고, 불결정인 [업도] 짓지 못한다.

또한 결정적인 동시에 불결정인 업도 짓지 못한다. 그 허물은 앞에서 설한 바와 같다. 8-9)

作者不作定 亦不作不定
及定不定業 其過如先說 8-9)

결정적인 업도 이미 논파하였고, 불결정인 업도 역시 논파하였고, 결정적인 동시에 불결정인 업도 역시 논파하였다. 이제 잠시 종합적으로 논파하기 위하여 이 게송을 설한다. 그러므로 작자는 세 종류의 업을 짓지 못한다. 이제 세 종류의 작자도 업을 짓지 못한다. 왜인가?

定業已破. 不定業亦破. 定不定業亦破. 今欲一時總破. 故說是偈. 是故作者 不能作三種業. 今三種作者. 亦不能作業. 何以故

결정적이거나, 불결정이거나, 혹은 결정적인 동시에 불결정인

작자도

업을 지을 수 없다. 그 허물은 앞에서 설한 바와 같다. 8-10)

作者定不定 亦定亦不定

不能作於業 其過如先說 8-10)

결정적이거나, 불결정이거나, 결정적인 동시에 불결정인 작자는 업을 짓지 못한다. 왜인가? 앞에서 설한 것처럼 세 종류의 오류가 있기 때문이다. 그곳에서 응당 널리 설했다. 이와 같이 모든 장소에서 작자와 작업을 구해도 모두 불가득이다.

作者定不定. 亦定亦不定. 不能作於業. 何以故. 如先三種過因緣. 此中應廣說. 如是一切處求作者作業. 皆不可得.

## 라. 작업과 작자의 상호의존적 연기

[물음] [그러나] 만약 작[업]도 존재하지 않고, 작자도 존재하지 않는다고 말하면, 무인론에 떨어질 것이다.

問曰. 若言無作無作者. 則復墮無因.

[답변] 이 업은 여러 연을 따라 생한 것이어서, 가명으로 존재하는 것이고, 결정적으로 존재하는 것이 아니니, 그대가 말하는 것과는 다르다. 왜인가?

答曰. 是業從衆緣生 假名爲有. 無有決定. 不如汝所說. 何以故

업을 원인으로 해서 작자가 있고, 작자를 원인으로 해서 업이 있으니,

업이 성립하는 이치는 이와 같아서, 그 밖에 다른 이유는 없다. 8-11)

因業有作者 因作者有業

成業義如是 更無有餘事 8-11)

업은 미리 결정되어 있는 것이 아니고, 사람을 원인으로 해서 일어나고, 업을 원인으로 해서 작자가 존재하게 된다. [그러므로] 작자도 무결정이니 작업이 있기 때문에 작자라고 부르는 것이다. [그리고] 그 두 가지가 화합하기 때문에 작업과 작자가 성립하게 된다.

業先無決定. 因人起業. 因業有作者. 作者亦無決定. 因有作業名爲作者. 二事和合故 得成作作者.

만약 화합해서 생하는 것이라면 무자성이다. 무자성이기 때문에 공이다. 공이라면 생한 것이 아니다. 다만 범부들의 생각과 분별에 따라서 작업이 있고 작자가 있다고 말하는 것이고, 제일의에서는 작업도 존재하지 않고 작자도 존재하지 않는다. 또한

若從和合生 則無自性. 無自性故空. 空則無所生. 但隨凡夫憶想分別故. 說有作業有作者. 第一義中 無作業無作者. 復次

작업과 작자를 논파하는 것처럼, 수와 수자도 그와 마찬가지이

다.

또한 일체법도 그와 같이 논파하여야 한다. 8-12)

如破作作者 受受者亦爾

及一切諸法 亦應如是破 8-12)

마치 작[업]과 작자가 떨어지지 못하고, 떨어지지 못하기 때문에 불결정이며, 불결정이기 때문에 무자성인 것처럼, 수受와 수자受者도 또한 그와 같다. 수란 오온을 말하는 것이고, 수자란 사람을 말하는 것이다. 그와 같이 사람을 떠나면 오온도 존재하지 않고, 오온을 떠나면 사람도 존재하지 않으니, [그것들은] 다만 여러 연에서 생한 것이다. 수나 수자와 마찬가지로 나머지 일체법도 응당 그와 같이 논파해야 할 것이다.

如作作者不得相離. 不相離故不決定. 無決定故無自性. 受受者亦如是. 受名五陰身. 受者是人. 如是離人無五陰. 離五陰無人. 但從衆緣生 如受受者. 餘一切法. 亦應如是破

제9장

# 관본주품(觀本住品)

# 제9장
# 관본주품(觀本住品)

## 가. 본주설의 불합리(1)

[물음] 어떤 사람은 말한다.

問曰. 有人言

안이 등의 여러 근과 고락 등의 여러 법,

이와 같은 것들을 소유하는 자, 그것을 본주라고 부른다. 9-1)[1)]

---

1) 본주(本住, pūrva, 先在者)란 인간을 구성하는 여러 요소들을 통제하며, 그것들의 의지처가 되는 업과 윤회의 주체로서 독자부와 정량부의 푸드갈라, 자이나의 지바, 니야야의 아트만 등을 말한다. ① 독자부와 정량부에서 푸드갈라는 업의 상속과 윤회의 주체라고 말하며, ② 자이나에서 지바는 여러 감각기관의 소유자로서 윤회의 주체라고 말한다. ③ 니야야에서 아트만은 욕망, 혐오, 의지, 즐거

眼耳等諸根 苦樂等諸法

誰有如是事 是則名本住 9-1)

만약 본주가 존재하지 않는다면, 누가 안 등의 법을 소유하겠는가?

그러므로 미리 본주가 존재함을 알아야 한다. 9-2)

若無有本住 誰有眼等法

以是故當知 先已有本住 9-2)

안, 이, 비, 설, 신, 명 등의 여러 근은 안이 등의 근根이라고 부른다. 고수, 낙수, 불고불락수, 상, 사, 억, 념 등의 심심수법은 고락 등의 법法이라고 부른다.

眼耳鼻舌身命等諸根. 名爲眼耳等根. 苦受樂受不苦不樂受. 想思憶念等心心數法. 名爲苦樂等法.

그런데 어떤 논사는 "안 등의 [근과] 법이 존재하기 전에 응당 본주가 먼저 존재해야 한다. [왜냐하면] 이 본주를 원인으로 하여

---

움, 고통, 인식을 속성으로 지니는 실체로서 아트만은 감각들을 제어하고 그것들의 기여를 종합한다고 말해진다. ④ 상키야에서 윤회의 주체는 미세신이라 부르는데, 그것은 붓디, 아항카라, 마나스, 5지근(知根, 眼耳鼻舌身), 5작근(作根, 手足口排聲), 5유(唯, 色聲香味觸)로 이루어진다고 한다. ⑤ 베단타에서 윤회의 주체는 미세신이라고 부르는데, 그것은 붓디, 마나스, 아항카라, 칫타, 5지근, 5작근으로 구성된다고 한다. 이처럼 본주에 대한 여러 학파의 견해는 다양하다.

안 등의 여러 근이 증장하기 [때문]이다. 만약 본주가 존재하지 않는다면, 몸과 눈 등의 여러 근은 무엇을 원인으로 해서 생겨나서 증장할 수 있겠는가?"라고 말한다.

有論師言. 先未有眼等法. 應有本住. 因是本住. 眼等諸根得增長. 若無本住. 身及眼等諸根. 爲因何生而得增長.

[답변] 답한다.

答曰.

만약 안 등의 근과 고락 등의 법을 떠나면
본주가 미리 존재한다는 것을 무엇으로 알 수 있겠는가? 9-3)
若離眼等根 及苦樂等法
先有本住者 以何而可知 9-3)

만약 안이 등의 근과 고락 등의 법을 떠나면, 본주가 미리 존재한다는 것을 무엇을 가지고 말하고, 무엇을 가지고 알 수 있겠는가? 병과 옷 등의 외법外法은 안 등의 근을 가지고 알고, 내법內法은 고락 등의 근을 가지고 알 수 있는 것처럼, 경전에서 "가괴可壞는 색의 상이고, 능수能受는 수의 상이며, 능식能識은 식의 상이다."라고 설한 것과 같다. 그대는 안이와 고락 등을 떠나서 본주가 미리 존재한다고 설하는데, 무엇을 가지고 알아서 그런 법이 존재한다고 설하는 것인가?

若離眼耳等根 苦樂等法. 先有本住者. 以何可說 以何可知.

如外法瓶衣等. 以眼等根得知. 內法以苦樂等根得知. 如經中說. 可壞是色相. 能受是受相. 能識是識相. 汝說離眼耳苦樂等 先有本住者. 以何可知說有是法.

[물음] 어떤 논사는 말하기를 "출입식, 눈의 깜빡임, 수명, 사유, 고락苦樂, 증애憎愛, 동발動發 등이 곧 신[아]의 상이다."라고 말한다.[2] 만약 신[아]가 존재하지 않는다면 어떻게 출입식 등의 상이 존재한다고 말할 수 있겠는가? 그러므로 안이 등의 근根과 고락 등의 법法을 떠나서 본주가 미리 존재함을 알아야 한다.

問曰. 有論師言. 出入息 視眴壽命 思惟苦樂 憎愛動發 等是神相. 若無有神. 云何有出入息等相. 是故當知. 離眼耳等根苦樂等法. 先有本住.

[답변] 만약 그와 같은 신아가 존재한다면, 응당 벽 가운데 기둥이 있듯이 몸속에 존재하든가, 갑옷을 걸친 사람처럼 몸 밖에 있어야 할 것이다. 만약 [신아가] 몸속에 있다면 몸은 불가괴가 될 것이다. 신아가 항상 안에 있기 때문이다. 그러므로 신아가 몸속에 있다고 하는 말은 다만 언설일 뿐이고 허망하여 진실이 아니다.

答曰. 是神若有. 應在身內如壁中有柱. 若在身外. 如人被鎧. 若在身內. 身則不可壞. 神常在內故是故言神在身內. 但有言

---

2) 바이세시카에서 들숨, 날숨, 눈꺼풀의 닫힘과 열림, 부상의 치유, 마음의 움직임, 애착 등은 아트만의 존재에 대한 증거라고 말한다.

說虛妄無實.

만약 [신아가] 갑옷이 몸을 덮고 있는 것처럼 몸 밖에 있다면, 응당 몸은 보이지 않을 것이다. 신아가 세밀하게 덮고 있기 때문이다. 또한 불가괴일 것이다. 그러나 사실은 몸이 부서지는 것을 본다. 그러므로 고락 등을 떠나서 어떤 법도 미리 존재하지 않음을 알아야 한다.

若在身外覆身如鎧者. 身應不可見. 神細密覆故. 亦應不可壞 而今實見身壞. 是故當知. 離苦樂等 先無餘法.

만약 팔이 잘려질 때, 신아가 [몸]안으로 수축하기 때문에, [신아는] 잘라지지 않[으며, 그런 이유로 팔이 잘려도 사람은 죽지 않]는다고 말하면, 머리가 잘려질 때에도 [신아가 몸]안으로 수축하기 때문에, [머리가 잘려도] 응당 죽지 않아야 할 것이다. 그러나 사실은 [머리가 잘리면] 죽는다. 그러므로 고락 등을 떠나서 신아가 미리 존재한다는 것은 다만 언설일 뿐이고, 허망하여 진실하지 않음을 알 수 있다.

若謂斷臂時 神縮在內 不可斷者. 斷頭時亦 應縮在內 不應死. 而實有死. 是故知離苦樂等先有神者. 但有言說虛妄無實.

또한 만약 "몸이 커지면 신아도 커지고, 몸이 작아지면 신아도 작아진다. 마치 등이 크면 밝음도 크고, 등이 작으면 밝음도 작은 것과 같다."라고 말한다면, 그와 같은 신아는 응당 몸과 마찬가지로 상주가 아닐 것이다. [또한] 만약 [신아가] 몸을 따른다고 말하면, 몸이 없으면 신아도 존재하지 않을 것이다. 등이 꺼지면 밝음도 꺼지는 것과 같다. 만약 신아가 무상이라면, 안이고락 등과 동일한 것이 될 것이다.[3)]

復次若言身大則神大. 身小則神小. 如燈大則明大燈小則明小者. 如是神則隨身不應常. 若隨身者. 身無則神無. 如燈滅則明滅. 若神無常. 則與眼耳苦樂等同.

그러므로 안이 등을 떠나서 미리 별도의 신아는 존재하지 않음을 알아야 한다. 또한 중풍에 걸린 사람이 자유롭지 못하여 해야 할 일을 하지 못하는 것처럼, 만약 신[아]가 있어서 그것이 여러 작[업]의 주인이라면, 어떻게 자유롭지 못하다고 말할 수 있겠는가? 만약 중풍이 신아를 괴롭히지 못한다면, 응당 신아를 떠나서 별도로 작[업]이 존재해야 할 것이다.

是故當知. 離眼耳等 先無別神. 復次如風狂病人. 不得自在. 不應作而作. 若有神是諸作主者. 云何言不得自在. 若風狂病不惱神者 應離神別有所作.

이와 같이 각종으로 추구해 보니 안이 등의 근과 고락 등의 법

3) 여러 학파들은 본주, 즉 자아가 육신이 죽을 때에도 소멸하지 않으며, 감각기관에 의해서 지각되지 않는다고 말한다. 한편 ① 지이나교는 지바는 윤회할 때 들어가는 육신에 따라 크기가 수축하거나 팽창한다고 말하며, ② 니야야, 바이세시카는 아트만이 부분으로 이루어져 있지 않으며 따라서 영원하고 편재적이라고 말한다. ③ 상키야는 푸루샤가 영원 불변이라고 말한다.

을 떠나서 본주는 미리 존재하지 않는다. 만약 안이 등의 근과 고락 등의 법을 떠나서 반드시 본주가 존재한다고 말한다면, 그런 일은 있을 수 없다. 왜인가?

如是種種推求 離眼耳等根苦樂等法. 先無本住. 若必謂離 眼耳等根 苦樂等法 有本住者. 無有是事. 何以故

만약 안이 등의 근을 떠나서 본주가 존재한다면,
응당 본주를 떠나서 안이 등이 존재할 것이다. 9-4)
若離眼耳等 而有本住者
亦應離本住 而有眼耳等 9-4)

만약 본주가 안이 등의 근과 고락 등의 법을 떠나서 미리 존재한다면, 이제 안이 등의 근과 고락 등의 법도 응당 본주를 떠나서 존재해야 할 것이다.

若本住離 眼耳等根 苦樂等法 先有者. 今眼耳等根苦樂等法. 亦應離本住而有.

## 나. 법과 본주의 상호의존

[물음] 두 가지가 서로 떠난다고 하는 것은 그대의 [말이] 옳겠지만, 무릇 본주는 존재한다.

問曰. 二事相離可爾 但使有本住.

[답변]

答曰.

법을 통하여 사람이 있음을 알고, 사람을 통하여 법이 있음을 안다.

법을 떠나서 어떻게 사람이 있고, 사람을 떠나서 어떻게 법이 있겠는가? 9-5)

以法知有人 以人知有法

離法何有人 離人何有法 9-5)

법이란 눈과 귀, 고와 낙 등이다. 사람이란 본주이다. 그대는 "법이 있기 때문에 사람이 있음을 알고, 사람이 있기 때문에 법이 있음을 안다."라고 말한다. 그러나 눈이나 귀 등의 법을 떠나면 어떻게 사람이 있을 수 있고, 사람을 떠나면 어떻게 눈이나 귀 등이 있을 수 있겠는가? 또한

法者眼耳苦樂等. 人者是本住. 汝謂以有法故知有人. 以有人故知有法. 今離眼耳等法何有人. 離人何有眼耳等法. 復次

안 등의 모든 근에는 본주가 존재하지 않는다.

[그래도] 안이 등의 여러 근은 다른 상을 분별한다. 9-6)

一切眼等根 實無有本住

眼耳等諸根 異相而分別 9-6)

안이 등의 여러 근과 고락 등의 여러 법은 사실은 본주를 갖지 않는다. 안을 원인으로 하고, 색을 연하여 안식이 생한다. [이처럼] 인연이 화합함으로써 안이 등의 여러 근이 있는 것을 아는 것이고, 본주 때문에 아는 것이 아니다. 그러므로 게송에서 설하기를 '안 등의 모든 근에는 본주가 존재하지 않는다. [그래도] 안이 등의 여러 근은 각각 스스로 능히 [다른 상을] 분별한다.'라고 한 것이다.

眼耳等諸根 苦樂等諸法. 實無有本住. 因眼緣色生眼識. 以和合因緣. 知有眼耳等諸根. 不以本住故知. 是故偈中說 一切眼等根 實無有本住. 眼耳等諸根 各自能分別.

## 다. 본주설의 불합리(2)

[물음]

問曰.

만약 안 등의 여러 근이 본주를 갖지 않는다면,
안 등 하나 하나의 근은 어떻게 대상을 아는 것인가? 9-7)
若眼等諸根 無有本住者
眼等一一根 云何能知塵 9-7)

만약 안이 등의 모든 근과 고락 등의 여러 법에 본주가 없다면, 지금 하나 하나의 근은 어떻게 대상을 아는 것인가? 안이 등의 여러 근은 무사유이기 때문에 앎이 없는데도 대상을 안다. [그러므로] 안이 등의 여러 근을 떠나서 대상을 아는 자가 존재하는 것을 알아야 한다.

若一切眼耳等諸根. 苦樂等諸法. 無本住者. 今一一根. 云何能知塵. 眼耳等諸根無思惟. 不應有知. 而實知塵. 當知離眼耳等諸根. 更有能知塵者.

[답변] 만약 그렇다면 각각의 근 속에 각각 지자가 있거나, 하나의 지자가 여러 근 속에 있어야 할 것이다. 그러나 그 둘은 모두 불합리하다. 왜인가?

答曰. 若爾者. 爲一一根中各有知者. 爲一知者在諸根中. 二俱有過. 何以故

[만약] 견자가 문자이고, 문자가 수자라면,
그렇다면 여러 근은 본주를 가질 것이다. 9-8)

見者卽聞者 聞者卽受者
如是等諸根 則應有本住 9-8)

만약 견자가 곧 문자이고, 문자가 곧 수자라면, 그 하나의 신[아]가 그런 안 등의 여러 근 속에 미리 본주로서 존재하고, 색성향 등에는 결정적으로 지자가 없어야 할 것이고, 혹은 눈으로 소리를 들어야 할 것이다. 사람이 육향六向을 가지고 뜻에 따라 보고 듣는 것과 같다. 만약 문자와 견자가 하나라면, 안 등의 근으로 뜻에 따라 보고 들어야 하겠지만, 그것은 불합리하다.

若見者卽是聞者. 聞者卽是受者. 則是一神. 如是眼等諸根. 應先有本住. 色聲香等無有定知者. 或可以眼聞聲. 如人有六向 隨意見聞. 若聞者見者是一. 於眼等根隨意見聞. 但是事不然

만약 견[자]와 문[자]가 다르고, 수자도 각각 달라서,
볼 때에도 듣는다면, 신[아]는 다수가 될 것이다. 9-9)
若見聞各異 受者亦各異
見時亦應聞 如是則神多 9-9)

만약 견자, 문자, 수자가 각각 다르다면, 볼 때에도 들을 것이다. 왜인가? 견자를 떠나서 문자가 존재하기 때문이다. 그렇다면 비설신 속의 신[아]가 동시에 행위할 것이고, 만약 그렇다면 사람은 하나인데 신아는 다수가 되어서, 일체의 근을 가지고 동시에 여러 대상을 알아야 할 것이다. 그러나 사실은 그렇지 않다. 그러므로 견자, 문자, 수자는 함께 작용하지 않는 것이다. 또한

若見者聞者受者各異. 則見時亦應聞. 何以故. 離見者有聞者故. 如是鼻舌身中. 神應一時行. 若爾者. 人一而神多. 以一切根一時知諸塵. 而實不爾. 是故見者聞者受者. 不應俱用. 復次

안이 등의 여러 근과 고락 등의 여러 법이

여러 대大에 따라 생하지만, 그 [사]대四大에도 역시 신[아]가 없다. 9-10)

眼耳等諸根 苦樂等諸法

所從生諸大 彼大亦無神 9-10)

안이 등의 여러 근과 고락 등의 여러 법을 떠나서 별도로 본주가 존재한다는 주장은 이미 논파하였다. 이제 안이 등의 원인인 사대四大, 그 사대 속에도 본주는 존재하지 않는다.

若人言離 眼耳等諸根 苦樂等諸法 別有本住. 是事已破. 今於眼耳等所因四大. 是四大中亦無本住.

## 라. 법과 본주의 존재 부정

[물음] 만약 안이 등의 여러 근과 고락 등의 여러 법에 본주가 존재하지 않는다면, 그것은 그럴 것이다. 그러나 안이 등의 여러 근과 고락 등의 여러 법은 응당 존재할 것이다.

問曰. 若眼耳等諸根. 苦樂等諸法. 無有本住可爾. 眼耳等諸根. 苦樂等諸法應有.

[답변]

答曰.

만약 안이 등의 여러 근과 고락 등의 여러 법에

본주가 존재하지 않는다면, 안 등도 역시 존재하지 않는다. 9-11)

若眼耳等根 苦樂等諸法
無有本住者 眼等亦應無 9-11)

만약 안이와 고락 등의 여러 법에 본주가 존재하지 않는다면, 누가 그 안이 등을 가지며, [안이 등은] 무엇을 연으로 해서 존재하겠는가? 그러므로 안이 등도 역시 존재하지 않는다. 또한

若眼耳苦樂等諸法. 無有本住者. 誰有此眼耳等. 何緣而有. 是故眼耳等亦無. 復次

안眼 등에는 본주가 존재하지 않는다. 나중에도 역시 존재하지 않는다.

삼세에 존재하지 않기 때문에, 유와 무의 분별도 존재하지 않는다. 9-12)

眼等無本住 今後亦復無
以三世無故 無有無分別 9-12)

본주를 사유하고 추구해도 안眼 등에는 미리 존재하지 않는다. 나중에도 역시 존재하지 않는다. 만약 삼세에 존재하지 않는다면, 무생이고 적멸이니 논란도 존재하지 않는다. 만약 본주가 없다면, 어떻게 안 등이 있겠는가? 이처럼 문답하니 희론이 소멸한다. 희론이 소멸하기 때문에 제법은 곧 공이다.

思惟推求本住. 於眼等先無. 今後亦無. 若三世無. 卽是無生寂滅不應有難. 若無本住. 云何有眼等. 如是問答. 戲論則滅. 戲論滅故. 諸法則空

제10장

# 관연가연품(觀燃可燃品)

제10장

# 관연가연품(觀燃可燃品)

## 가. 불과 땔감의 동일성 부정

[물음] [그렇다고 해도] 응당 수와 수자는 존재할 것이다. 그것은 불이나 땔감과 같다. [거기서] 불은 수자受者이고, 땔감은 수受[1], 즉 오음[에 대한 집착]이다.

問曰. 應有受受者. 如燃可燃. 燃是受者. 可燃是受. 所謂五陰.

[답변] 그것은 불합리하다. 왜인가? 불과 땔감은 모두 성립하지 않기 때문이다. 불과 땔감은 하나의 법으로 성립하든가, 두 개의

1) 『프라산나파다』 제10장 제15송에 의하면 수受와 수자受者는 각각 upādāna와 ātma에 해당한다. 그러므로 수는 '오온에 대한 집착'을 의미하고 수자는 '오취온을 일으키고 있는 자'를 의미한다.

법으로 성립할 것이다. 그러나 그 둘은 모두 성립하지 않는다.

答曰. 是事不然. 何以故. 燃可燃俱不成故. 燃可燃. 若以一法成. 若以二法成. 二俱不成.

[물음] 일이법은 차치하더라도, 만약 불과 땔감이 존재하지 않는다면, 지금 어떻게 일이상으로 논파하는 것인가? [그것은] 토끼의 뿔이나 거북의 털이 존재하지 않기 때문에 논파할 수 없는 것과 같다.

問曰. 且置一異法. 若言無燃可燃. 今云何以一異相破. 如免角龜毛無故不可破.

세간 [사람들]은 눈으로 사물이 존재한 이후에 사유할 수 있음을 본다. 그것은 금이 존재한 이후에 불로 태우거나 단련할 수 있는 것과 같다. [그러므로] 불과 땔감이 존재하지 않는다면 응당 일이법으로 사유할 수 없을 것이다. 만약 그대가 일이법의 존재를 허용한다면, 불과 땔감도 존재하는 것을 알아야 한다. 만약 존재를 허용한다면, 그것은 이미 존재하는 것이다.

世間眼見 實有事而 後可思惟. 如有金然後 可燒可鍛. 若無燃可燃. 不應以一異法思惟. 若汝許有一異法. 當知有燃可燃. 若許有者 則爲已有.

[답변] 세속법에 따른 언설에는 오류가 없다. [왜냐하면] 불과 땔감이 동일하다고 말하거나 다르다고 말해도, 그것[의 존재]를 받아

들이는 것은 아니기 [때문]이다. 만약 세속의 언설을 떠나면 논할 것이 없을 것이다. 만약 불과 땔감을 말하지 않는다면 어떻게 [그 것을] 논파할 수 있겠는가?

答曰. 隨世俗法言說. 不應有過. 燃可燃若說一若說異. 不名爲受. 若離世俗言說. 則無所論. 若不說燃可燃. 云何能有所破.

만약 말하지 않는다면 그 의미가 분명해지지 않는다. 어떤 논사가 유와 무를 논파할 때 반드시 유와 무라고 말해야 하는 것과 같다. 그 [논사]가 유무를 말한다고 해서 유무를 받아들이는 것은 아니다. 그것은 세간의 언설에 따른 것이기 때문에 오류가 없다. 만약 입으로 말을 하는 것이 그 [말한] 것을 받아들이는 것이라면, 그대가 논파를 말하면 저절로 논파되어야 할 것이다.

若無所說 則義不可明. 如有論者. 破破有無. 必應言有無. 不以稱有無故而受有無. 是以隨世間言說故無咎. 若口有言便是受者. 汝言破卽爲自破.

불과 땔감도 그와 같다. 비록 언설은 있어도 [그 존재를] 받아들이는 것은 아니다. 그러므로 일이법을 가지고 불과 땔감을 사유하면 그 둘은 모두 불성립이다. 왜인가?

燃可燃亦如是. 雖有言說亦復不受. 是故以一異法. 思惟燃可燃. 二俱不成. 何以故

만약 불이 땔감이라면, 작[업]과 작자가 동일할 것이다.

만약 불과 땔감이 다르다면, 땔감을 떠나도 불이 존재할 것이다. 10-1)

若燃是可燃 作作者則一

若燃異可燃 離可燃有燃 10-1)

불은 불이고, 땔감은 장작이다. 작자는 사람이고, 작[업]은 행위이다. 만약 불과 땔감이 동일하다면, 곧 작[업]과 작자가 동일한 것이 될 것이다. 만약 작[업]과 작자가 동일하다면 도공과 항아리가 동일한 것이 될 것이다. 작자는 도공이고, 작[업]은 항아리이다. 도공은 항아리가 아니고, 항아리도 도공이 아니다. 어떻게 [그 둘이] 동일하겠는가? 이처럼 작[업]과 작자는 동일하지 않기 때문에, 불과 땔감도 역시 동일하지 않은 것이다.

燃是火. 可燃是薪. 作者是人. 作是業. 若燃可燃一. 則作作者亦應一. 若作作者一. 則陶師與瓶一. 作者是陶師. 作是瓶. 陶師非瓶. 瓶非陶師. 云何爲一. 是以作作者不一故. 燃可燃亦不一.

## 나. 불과 땔감의 상이성 부정

만약 동일한 것이 아니라면, 응당 다르다고 하겠지만, 그것도 역시 불합리하다. 왜인가? 만약 불과 땔감이 다르다면, 응당 땔감을 떠난 불이 있어서, 이것은 땔감이고 이것은 불이라고 분별될 것이고, 여러 곳에 땔감을 떠난 불이 있어야만 할 것이다. 그러나 실제로는 그렇지 않다. 그러므로 다르다는 것도 불합리하다.

若謂一不可則應異. 是亦不然. 何以故. 若燃與可燃異. 應離可燃別有燃. 分別是可燃是燃. 處處離可燃應有燃. 而實不爾. 是故異亦不可. 復次

[다르다면] 그와 같이 항상 타오를 것이니, [불은] 땔감을 연하지 않고 생할 것이다.

그렇다면 불타게 하는 공능도 없고, 무작[인 것]도 불이라고 불러야 할 것이다. 10-2)

如是常應燃 不因可燃生
則無燃火功 亦名無作火 10-2)

만약 불과 땔감이 다르다면, 불은 땔감을 기다리지 않고도 항상 탈 것이다. 만약 항상 탄다면, 그 [실]체가 스스로 머물러서 인연을 기다리지 않을 것이니, 사람의 노력은 공이 될 것이다. 사람의 노력이란 불을 보호하여 타게 하는 것이고, 그 노력은 지금 존재한다. 그러므로 불은 땔감과 다르지 않음을 알아야 한다.

若燃可燃異. 則燃不待可燃而常燃. 若常燃者則自住其體. 不待因緣人功則空. 人功者. 將護火令燃. 是功現有. 是故知火不異可燃.

또한 만약 불과 땔감이 다르다면 불은 무작이 될 것이다. [그러니] 땔감을 떠난 불이 어떻게 타겠는가? 만약 그렇다면 불은 무작이겠지만, 무작의 불이라고 하는 것은 존재하지 않는다.

復次若燃異可燃 燃卽無作. 離可燃火何所然. 若爾者火則無作. 無作火無有是事.

## 다. 유자성론의 불합리

[물음] 어째서 불이 인연따라 생하지 않으면, 사람의 노력이 공이 된다고 말하는 것인가?

問曰. 云何火不從因緣生. 人功亦空.

[답변]

答曰.

땔감을 기다리지 않는 불이란 연을 따르지 않고 생한 것이다.

그리하여 불이 항상 타오른다면, 사람의 노력은 공이 될 것이다. 10-3)

燃不待可燃 則不從緣生

火若常燃者 人功則應空 10-3)

불과 땔감이 만일 다르다면, 땔감에 의존하지 않고도 불이 있을 것이다. 만약 땔감에 의존하지 않고서 불이 있다면, 서로 원인인 법이 아니어서 인연에서 생한 것이 아닐 것이다. 또한 불이 땔감과 다르다면, [그 불은] 마땅히 항상 타야 할 것이다. 만약 [불이] 항상 탄다면 응당 땔감을 떠나서 별도로 불이 있는 것이 보일 것이고, 사람의 노력을 기다리지 않을 것이다. 왜인가?

燃可燃若異. 則不待可燃有燃. 若不待可燃有然=燃?. 則無相因法. 是故不從因緣生. 復次若燃異可燃. 則應常燃. 若常燃者. 應離可燃 別見有燃. 更不須人功. 何以故

만약 그대가 불타고 있는 것을 땔감라고 부른다면,
그때는 장작만 있는데, 무엇이 땔감을 태우겠는가? 10-4)
若汝謂燃時 名爲可燃者
爾時但有薪 何物燃可燃 10-4)

만약 미리 존재하는 타고 있는 장작을 땔감이라고 부른다면 그것은 불합리하다. 만약 불을 떠나서 땔감이 별도로 존재한다면, 어떻게 타고 있는 것을 땔감이라고 부르겠는가? 또한

若謂先有薪燒時 名可燃者. 是事不爾. 若離燃別有可燃者. 云何言燃時名可燃. 復次

만약 [불과 땔감이] 다르다면 도달하지 못하고, 도달하지 못하면 타지 못한다.

타지 못하면 소멸하지 않고, 소멸하지 않으면 상주가 될 것이다. 10-5)

若異則不至 不至則不燒

不燒則不滅 不滅則常住 10-5)

만약 불과 땔감이 [서로] 다르다면 불은 응당 땔감에 도달하지 못할 것이다. 왜인가? [그 둘은] 서로 기다리지 않고도 성립해 있기 때문이다. 만약 불이 [땔감을] 기다리지 않고도 성립한다면, 스스로 그 실체에 머무는 것이 된다. [그렇다면] 땔감이 무슨 소용인가?

若燃異可燃. 則燃不應至可燃. 何以故. 不相待成故. 若燃不相待成. 則自住其體. 何用可燃.

그러므로 [불은 땔감에] 도달하지 못한다. 만약 도달하지 못하면 땔감을 태우지 못할 것이다. 왜인가? [땔감에] 도달하지 않고도 태우는 것은 존재하지 않기 때문이다. 태우지 않는다면 응당 소멸하지 않고 항상 자상에 머물 것이다. 그러나 그런 일은 불합리하다.

是故不至. 若不至則 不燃可燃. 何以故. 無有不至 而能燒故. 若不燒則無滅. 應常住自相. 是事不爾.

## 라. 유자성인 불과 땔감의 연기 부정

[물음]

問曰.

불은 땔감과 서로 다르지만, 능히 땔감에 도달한다.

이 사람이 저 사람에게 도달하고, 저 사람이 이 사람에게 도달하는 것과 같다. 10-6)

燃與可燃異 而能至可燃

如此至彼人 彼人至此人 10-6)

불은 땔감과 다르지만 땔감에 도달한다. 마치 남자가 여자에게 도달하고, 여자가 남자에게 도달하는 것과 같다.

燃與可燃異. 而能至可燃. 如男至於女. 如女至於男.

[답변]

答曰.

만약 불과 땔감의 둘이 서로 떨어져 있다면,

그런 불은 능히 저 땔감에 도달할 것이다. 10-7)

若謂燃可燃 二俱相離者

如是燃則能 至於彼可燃 10-7)

만약 불을 떠나서 땔감이 존재하고, 땔감을 떠나서 불이 존재하여, 각기 스스로 성립해 있다면, 응당 불은 땔감에 도달하겠지만, 사실 [그 둘은] 그렇지 않다. 왜인가? 불을 떠나면 땔감이 존재하지 않고, 땔감을 떠나면 불이 존재하지 않기 때문이다. [그런데] 지금 남자를 떠나서 여자가 존재하고, 여자를 떠나서 남자가 존재한다. 그러므로 [불과 땔감은] 그대의 비유와 달라서 [그대의] 비유는 성립하지 않기 때문이다. [그러므로] 불은 땔감에 도달하지 못한다.

若離燃有可燃. 若離可燃有燃. 各自成者. 如是則應燃至可燃. 而實不爾. 何以故. 離燃無可燃. 離可燃無燃故. 今離男有女. 離女有男. 是故汝喩非也. 喩不成故. 燃不至可燃.

[물음] 불과 땔감은 서로 기다려서 존재한다. 땔감을 원인으로 해서 불이 존재하고, 불을 원인으로 해서 땔감이 존재한다. [그와 같이] 그 두 법은 서로 기다려서 성립한다.

問曰. 燃可燃相待而有. 因可燃有燃. 因燃有可燃. 二法相待成.

[답변]

答曰.

땔감을 원인으로 해서 불이 [존재하고], 불을 원인으로 해서 땔감이 존재한다면,

어떤 법이 미리 결정적으로 존재해서 불과 땔감이 존재하게 되는 것인가? 10-8)

若因可燃燃 因燃有可燃

先定有何法 而有燃可燃 10-8)

만약 땔감을 원인으로 해서 불이 성립한다면, 응당 불을 원인으로 해서 땔감이 성립할 것이다. 그 가운데 땔감이 미리 결정적으로 존재한다면, 땔감을 원인으로 해서 불이 성립할 것이고, 불이 미리 결정적으로 존재한다면, 불을 원인으로 해서 땔감이 성립할 것이다.

若因可燃而燃成. 亦應因燃可燃成. 是中若先定有可燃. 則因可燃. 而燃成. 若先定有燃. 則因燃可燃成.

[그런데] 만약 땔감을 원인으로 해서 불이 성립한다면, 땔감이 먼저 존재하고 불이 나중에 존재하는 것이니, 응당 땔감은 불을 기다려서 존재하지 않을 것이다. 왜인가? 땔감이 미리 존재하고 불이 나중에 존재하기 때문이다.

今若因可燃而燃成者. 則先有可燃而後有燃. 不應待燃而有可燃. 何以故可燃在先燃在後故.

[그러나] 불이 땔감을 태우지 않으면 땔감은 성립하지 않는다. 또 땔감이 불을 떠나 다른 곳에 있는 것도 아니기 때문에, 땔감이 성립하지 않으면 불도 성립하지 않는다.

若燃不燃可燃. 是則可燃不成. 又可燃不在餘處 離於燃故. 若可燃不成. 燃亦不成.

만약 [반대로] 불이 먼저 [존재하고] 땔감이 나중에 존재한다면, 불도 그와 같은 허물을 가지게 된다. 그러므로 불과 땔감의 둘은

모두 성립하지 않는다. 또한

若先燃後有可燃. 燃亦有如是過. 是故燃可燃. 二俱不成. 復次

만약 땔감을 원인으로 해서 불이 존재한다면, 성립한 불이 다시 성립하는 것이 된다.

그렇다면 땔감 가운데 불이 존재하지 않는다고 말하는 것이 된다. 10-9)

若因可燃燃 則燃成復成

是爲可燃中 則爲無有燃 10-9)

만약 땔감을 원인으로 해서 불이 성립한다고 말한다면, 곧 성립한 불이 다시 성립하는 것이 된다. 왜인가? 불의 재[상]이 불 속에 머물러 있기 때문이다. 만약 불의 [실]체가 스스로 머물지 않아서, 땔감에 의존해서 성립한다면, 그런 일은 있을 수 없다.

若欲因可燃而成燃. 則燃成已復成. 何以故. 燃自住於燃中. 若燃不自住其體. 從可燃成者. 無有是事.

그러므로 존재인 불이 땔감에 따라 성립한다면, 성립한 불이 다시 성립하게 되는 것이다. 이와 같은 오류가 있다. 또한 불이 없는데도 땔감이 있다는 오류가 있게 된다. 왜인가? 불을 떠난 땔감이 그 [실]체에 스스로 머물기 때문이다. 그러므로 [존재인] 불과 땔감이 서로 원인이 되어 기다린다는 그런 일은 있을 수 없다. 또한

是故有是燃從可燃成. 今則燃成復成. 有如是過. 復有可燃無燃過. 何以故. 可燃離燃自住其體故. 是故燃可燃相因待. 無有是事. 復次

만약 [어떤] 법이 원인을 기다려서 성립한다면, 그 법은 다시 성립을 기다리는 것이 된다.
[그러나] 지금은 원인을 기다리는 것도 없고, 성립될 법도 존재하지 않는다. 10-10)
若法因待成 是法還成待
今則無因待 亦無所成法 10-10)

만약 [존재인] 법이 원인을 기다려서 성립한다면, 그 법은 다시 자기를 성립하게 할 원인을 기다리는 것이 된다. 그와 같이 결정된다면 그 두 가지는 모두 존재하지 않게 된다. 마치 땔감을 원인으로 해서 불이 성립하고, 다시 불을 원인으로 해서 땔감이 성립하는 것과 같아서, 그렇다면 그 둘은 모두 결정되지 않는다. 결정되지 않기 때문에 불가득이다. 왜인가?

若法因待成. 是法還成本因待. 如是決定則無二事. 如因可燃而成燃. 還因於燃而成可燃. 是則二俱無定. 無定故不可得. 何以故.

만약 법이 성립을 기다려서 존재한다면, 아직 성립하지 않았는데 어떻게 기다리겠는가?

만약 이미 성립한 법이 기다려서 존재한다면, 이미 성립했는데 [원인을] 기다려서 무슨 소용이 있겠는가? 10-11)

若法有待成 未成云何待

若成已有待 成已何用待 10-11)

만약 법이 원인을 기다려서 성립한다면, 그 법은 아직 미성립이고, 미성립이기 때문에 비존재이다. 비존재라면 어떻게 원인을 기다릴 수 있겠는가? 만약 그 법이 이미 성립했다면, 이미 성립했는데 원인을 기다려서 무슨 소용이 있겠는가? 그 둘은 모두 서로 원인을 기다리지 않는다. 그러므로 그대는 앞에서 불과 땔감이 서로 원인을 기다려서 성립한다고 말했지만, 그런 일은 있을 수 없다. 그러므로

若法因待成. 是法先未成. 未成則無. 無則云何有因待. 若是法先已成. 已成何用因待. 是二俱不相因待. 是故汝先說燃可燃相因待成. 無有是事. 是故

땔감을 원인으로 해도 불은 존재하지 않고, 원인으로 하지 않아도 불은 존재하지 않는다.

불을 원인으로 해도 땔감은 존재하지 않고, 원인으로 하지 않아도 땔감은 존재하지 않는다. 10-12)

因可燃無燃 不因亦無燃

因燃無可燃 不因無可燃 10-12)

이처럼 땔감을 원인으로 기다리는 불도 성립하지 않고, 땔감을 원인으로 기다리지 않는 불도 성립하지 않는다. 땔감도 그와 같다. 불을 원인으로 해도 불을 원인으로 하지 않아도, 그 둘은 모두 불성립이다. 그 오류는 이미 설했다. 또한

今因待可燃燃不成. 不因待可燃燃亦不成. 可燃亦如是. 因燃不因燃. 二俱不成. 是過先已說. 復次

불은 다른 곳에서 오지 않고, 불이 있는 곳에도 불은 존재하지 않는다.

땔감도 그와 같으니, 나머지는 「관거래품」에서 설한 것과 같다. 10-13)

燃不餘處來 燃處亦無燃

可燃亦如是 餘如去來說 10-13)

불은 다른 곳에서 땔감으로 들어오지 않으며, 땔감 속에도 불은 존재하지 않는다. 장작을 분석하여 불을 찾아도 불가득이기 때문이다. 땔감도 그와 같아서, 다른 곳에서 불 속으로 들어오지 않으며, 불 속에도 땔감은 존재하지 않는다. 이미 타버린 불도 타지 않고, 아직 타지 않은 불도 타지 않으며, 지금 타고 있는 불도 타지 않는 것과 같다. 그런 이치는 「관거래품」에서 설한 것과 같다. 그러므로

燃不於餘方來入可燃 可燃中亦無燃. 析薪求燃不可得故. 可燃亦如是. 不從餘處來入燃中. 燃中亦無可燃. 如燃已不燃未

燃不燃燃時不燃. 是義如去來中說. 是故

땔감은 불이 아니다. [그러나] 땔감을 떠나면 불은 존재하지 않는다.

불은 땔감을 소유하지 않는다. 불 속에는 땔감이 존재하지 않으며, 땔감 속에도 불은 존재하지 않는다. 10-14)

可燃卽非然 離可燃無燃

燃無有可燃 燃中無可燃 可燃中無燃 10-14)

땔감은 불이 아니다. 왜인가? 앞에서 이미 작업과 작자가 동일해진다는 오류를 설했기 때문이다. [그러나] 땔감을 떠나면 불은 존재하지 않는다. 항상 타오르는 불 등의 오류가 있기 때문이다. 불은 땔감을 소유하지 않는다. 불 속에는 땔감이 존재하지 않으며, 땔감 속에도 불은 존재하지 않는다. 다르다는 오류가 있기 때문이다. 그 셋은 모두 성립하지 않는다.

可燃卽非燃. 何以故. 先已說作作者一過故. 離可燃無燃. 有常燃等過故. 燃無有可燃. 燃中無可燃. 可燃中無燃. 以有異過故. 三皆不成.

## 마. 불과 땔감의 인연생

[물음] 무슨 이유로 불과 땔감을 설하는 것인가?

問曰. 何故說燃可燃

[답변] 땔감을 원인으로 해서 불이 있듯이, 그와 같이 수를 원인으로 해서 수자가 있다. 수는 오음이고 수자는 사람이다. 불과 땔감이 성립하지 않기 때문에, 수와 수자도 역시 성립하지 않는다. 왜인가?

答曰. 如因可燃有燃. 如是因受有受者. 受名五陰. 受者名人. 燃可燃不成故受受者亦不成. 何以故

불과 땔감이라는 법으로 수와 수자라는 법을 설한다.
또한 병과 옷을 설함으로써 일체의 여러 법을 설한다. 10-15)
以燃可燃法 說受受者法
及以說瓶衣 一切等諸法 10-15)

땔감이 불이 아닌 것처럼 수는 수자가 아니다. 작[업]과 작자가 동일하다는 오류가 있기 때문이다. 또한 수를 떠나면 수자도 존재하지 않는다. [그 둘의] 다름은 성립하지 않기 때문이고, [그 둘이] 다르다고 하는 것은 오류이기 때문이다. 셋은 모두 불성립이다.[2) ] 수와 수자처럼 병과 옷 등 바깥의 일체법도 앞에서 말한 것과 똑같이 모두 무생이고 필경공이다. 그러므로

如可燃非燃. 如是受非受者. 作作者一過故. 又離受無受者. 異不可得故. 以異過故. 三皆不成. 如受受者. 外瓶衣等一切法 皆同上說. 無生畢竟空. 是故

---

2) 본장의 제14송 후반구를 참조하라.

## 바. 유자성론의 문제점

만약 어떤 사람이 유아를 설하거나, 여러 법이 각각 다른 상이라고 설한다면,

그와 같은 사람은 불법의 [깊은] 맛을 얻지 못한다고 알아야 한다. 10-16)

若人說有我 諸法各異相

當知如是人 不得佛法味 10-16)

제법은 본래 무생이고 궁극적으로 적멸상이다. 그러므로 품의 끝부분에 이 게송을 설한 것이다. [그러나] 어떤 사람들은 아상我相을 설한다. 독자부의 무리들이 "색이 곧 자아라고 말할 수 없고, 색을 떠난 것이 자아라고 말할 수도 없다. 자아는 제5불가설장 가운데 있기 [때문]이다."라고 설하는 것과 같다.

諸法從本已來無生. 畢竟寂滅相. 是故品末說是偈. 若人說我相. 如犢子部衆說. 不得言色卽是我. 不得言離色是我. 我在第五不可說藏中.

또한 설일체유부의 무리들이 "여러 법은 각각의 상을 가진다. 이것은 선이고, 이것은 불선이고, 이것은 무기이다. [그리고] 이 [법]들은 유루, 무루, 유위, 무위 등의 차별을 가진다."라고 설하는 것과 같다. 이와 같은 사람들은 제법의 적멸상을 얻지 못했기 때

문에, 부처님의 말씀에서 종종의 희론을 짓는 것이다.

如薩婆多部衆說. 諸法各各相. 是善是不善是無記. 是有漏無漏 有爲無爲等別異. 如是等人. 不得諸法寂滅相. 以佛語作種種戲論

중론 상권 끝.

# 중론 상

2021년 1월 10일 초판 1쇄 인쇄
2021년 1월 20일 초판 1쇄 발행

지은이 용수
옮긴이 남수영
펴낸이 정창진
펴낸곳 도서출판 여래
출판등록 제2011-81호
주소 서울시 관악구 행운2길 52 칠성빌딩 5층
전화번호 (02)871-0213
전송 (02)885-6803

ISBN 979-11-90825-05-4 03220
Email yoerai@hanmail.net
blog naver.com/yoerai

값은 뒤표지에 있습니다.